Martin Zimmermann
Eritrea — Aufbruch in die Freiheit

Martin Zimmermann

Eritrea
— Aufbruch in die Freiheit

Verlag Neuer Weg

Für die freundliche Überlassung der Fotos sei gedankt:

Olaf Neußner (Bild S. 47; 48; 49; 51)
Joachim E. Röttgers (Graffiti)) (S. 30 unten; 38 oben; 58; 71; 77 u.; 86; 93 u.; 94; 98; 99; 101; 115 u.; 118 o.; 130; 133; 135; 137 o.)
Bernd Vollmer (S. 67 u.; 88 u.; 122; 124)
Uli Vollmer (S. 32 u.; 33 u.; 36 o.; 38 u.; 39 u.; 42; 55; 84; 93 o.; 95; 102 u.; 110; 115 o.)
Clemens Woerner (S. 6; 33 o.; 40 o.; 78; 102 o.; 103)
ERA (S. 29)
Alle anderen Bilder von Martin Zimmermann.

Martin Zimmermann
Eritrea — Aufbruch in die Freiheit
1. Auflage 1990

Neuer Weg Verlag und Druck GmbH
Kaninenberghöhe 2, 4300 Essen 1

Gesamtherstellung:
Neuer Weg Verlag und Druck GmbH
Kaninenberghöhe 2, 4300 Essen 1

ISBN: 3-88021-198-1

Vorwort

Eritrea.

Den meisten Lesern dieses Buches wohl ein Begriff wegen der immer wiederkehrenden Hungersnöte, die auch 1990 Hunderttausende an den Rande des Hungertodes bringen.

Eritrea.

Ein Land, ungefähr halb so groß wie die BRD. Entlang des Roten Meeres gelegen ein militärstrategisch wichtiges Stück Erde. Früher italienische Kolonie, von der UNO mit Äthiopien föderiert, 1962 völkerrechtswidrig von Äthiopien einverleibt. Seither herrscht Krieg.

Eritrea.

28 Jahre lang kämpft dieses kleine Volk für Unabhängigkeit, Freiheit und sozialen Fortschritt. Die Gegner, die Herrscher Äthiopiens, erfreuen sich der Unterstützung früher der USA, heute der UdSSR.

Ein ungleicher Krieg. Ein um ein Vielfaches überlegener, mächtiger Gegner. Viele Fragen stellen sich: Kann so ein kleines Land sich selbst befreien? Kann so ein kleines Land aus eigener Kraft die Zukunft aufbauen — ohne wieder in wirtschaftliche und politische Abhängigkeit von außen zu geraten?

Die Eritreer sind auf dem besten Weg dazu. Die Volksfront zur Befreiung Eritreas, die EPLF, hat nicht nur die stärkste Armee Schwarzafrikas praktisch besiegt, sondern zugleich im eigenen Land mit dem Aufbau einer neuen, gerechten Gesellschaft begonnen. In den befreiten Gebieten Eritreas findet eine soziale Umwälzung statt, die in die Zukunft weist, über die nationale Befreiung hinaus. Abdul Rahman Babu, der ehemalige Wirtschaftsminister Tansanias, nennt die Politik der Selbstversorgung, der Selbsthilfe und Selbstverwaltung, wie sie in den befreiten Gebieten Eritreas praktiziert wird, »eine

Zu Gast bei traditionell zubereitetem Kaffee

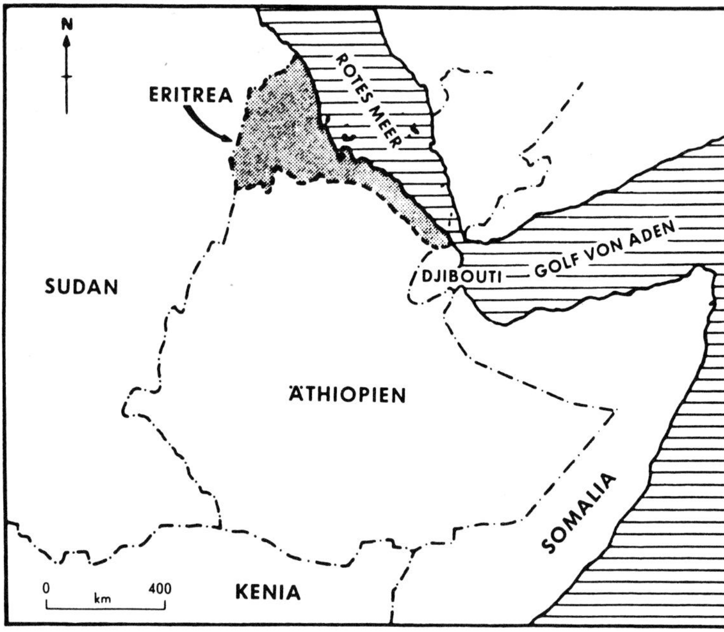

neue Revolution, die neue Hoffnungen für Afrika schaffen wird«.

Eritrea, Hoffnungsträger für die Zukunft Afrikas?

Ein Volk ist in Bewegung geraten, kämpft gegen Not und Elend — ohne sich anzulehnen an die »weisen« Empfehlungen und Konzepte der westlichen Industrienationen, der Länder des »realen Sozialismus« oder gar eines Deng Xiaoping, der den Entwicklungsländern empfiehlt, den »kapitalistischen Weg zu gehen«. Das freie Eritrea der EPLF hat mit der Politik des Vertrauens auf die eigene Kraft den konsequenten, eigenen und unabhängigen Weg des Aufbaus eingeschlagen. Diese strikte Politik der Unabhängigkeit und der Blockfreiheit hat bislang jede Einflußnahme von ausländischen Mächten verhindert. Das macht diese Bewegung unberechenbar für die Großmächte. Sie können diese Bewegung nicht für ihre Zwecke nutzen.

Ist deshalb um Eritrea eine »Mauer des Schweigens« errichtet worden? Soll das Beispiel, wie dieses kleine Volk um seine äußere und innere Freiheit ringt, keine Schule machen?

Vom Befreiungskampf und dem Aufbau des Landes berichtet dieses Buch. Es soll mit dazu beitragen, die »Mauer des Schweigens« ein Stück weit niederzureißen. Es basiert auf den Erfahrungen dreier Reisen in die befreiten Gebiete Eritreas, als Gast der EPLF und der eritreischen humanitären Organisation ERA (Eritrean Relief Association). Sie fanden 1985, 1987 und 1988 statt.

Motiviert zu diesen Reisen hat mich meine Mitarbeit im Eritrea Hilfswerk in Deutschland e. V., das Aufbauprojekte in Eritrea unterstützt. Zunächst wollte ich einfach einmal sehen, selbst erleben, wie die Menschen dort leben, ihre Probleme kennenlernen. Kennengelernt habe ich ein Volk, das sein Schicksal in die eigenen Hände genommen hat.

Wenn in den befreiten Gebieten Eritreas weiterhin in dem Maße wie bisher politisches Bewußtsein geschaffen wird, dann kann dieses Land auch die sicher nicht leichten Probleme der Unabhängigkeit lösen – und den Hunger besiegen.

Dank an alle, die dieses Buch ermöglicht haben: an Goitom, Gebrehiwet, Yemane und Chuchu in Eritrea, die mir Land und Leute gezeigt haben. An all die anderen Freunde in Eritrea und im Sudan. An die EPLF, die ERA und das EHD.

Im August 1990
Martin Zimmermann

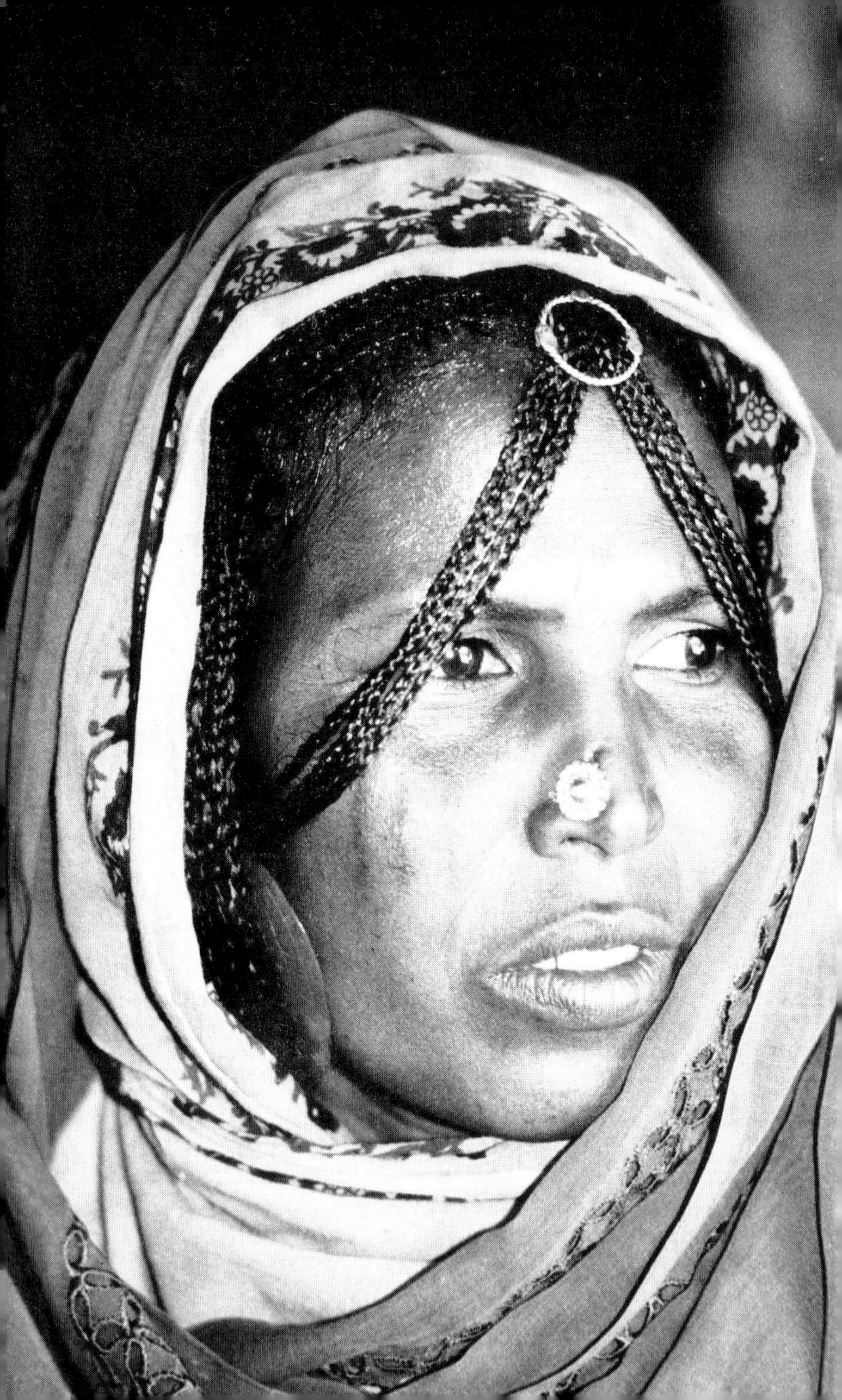

Krieg in Eritrea — warum?

Immer wieder werde ich bei Vorträgen und Diskussionen gefragt: »Gibt es denn nicht genug Probleme mit der Dürre und dem Hunger in Eritrea? Warum kann nicht endlich Frieden herrschen in diesem Land?« Ja, warum eigentlich nicht? Der Krieg hat nicht nur unzählige Dörfer dem Erdboden gleichgemacht, Menschen getötet, verkrüppelt, entwurzelt und vertrieben, sondern er ist gleichzeitig entscheidend dafür verantwortlich, daß überhaupt Hunger und Not herrscht. Und zwar in Eritrea wie in Äthiopien.

14 Millionen DM kostet der Krieg das äthiopische Regime täglich — während die Bevölkerung hungert. Was das äthiopische Regime in Eritrea betreibt, ist Völkermord. Der Befreiungskampf in Eritrea ist kein Sezessionskrieg. Er ist ein gerechter Kampf. Die äthiopischen Herrscher haben sich Eritrea einverleibt. Sie beanspruchen, was ihnen nicht gehört.

Wenn die Völker Eritreas und Äthiopiens selbst über ihre Zukunft entscheiden könnten — sie würden eine Lösung finden, die beiden Interessen gerecht wird. Das allein kann der Garant für den Frieden sein.

Bei meinen Besuchen in Eritrea habe ich viele Menschen kennengelernt. Bei allen habe ich den tiefen Wunsch nach Frieden gespürt. Den Wunsch nach einem Frieden in Freiheit und ohne Unterdrückung.

Aber ich habe zugleich die Kriegssituation erlebt und verstehen gelernt, warum die Eritreer mit der Waffe in der Hand für ihre Freiheit kämpfen. Es blieb ihnen kein anderer Weg.

Als wir uns von der 37jährigen Setel Ahmet verabschieden, gibt sie uns mit auf den Weg: »Erzählt in der Welt, daß unser ganzes Volk leidet unter der Aggression des Derg (äthiopischer Militärrat). Erzählt, daß wir uns hier zusammengefunden haben aus allen Teilen Eritreas. Daß wir gemeinsam leben und kämpfen für unsere Zukunft. Und — wir sind sicher, die Zukunft gehört uns!«

Imperialistische Interessen behindern eine friedliche Lösung

Seit Beginn des eritreischen Freiheitskampfes hat die Unabhängigkeitsbewegung mehrmals ihre Bereitschaft zu einer friedlichen Lösung des Konfliktes auf der Basis des Selbstbestimmungsrechts bekundet. Mehrere Male fanden Verhandlungen mit dem äthiopischen Regime statt — ohne Ergebnis.

So wie die Herrscher in Addis Abeba den Friedensplan der EPLF ablehnen, so haben sie die wiederholten Waffenstillstandsangebote der EPLF zurückgewiesen.

Die Unterstützung, die der Westen dem Regime in Äthiopien zukommen läßt, sei es in Form von Wirtschaftshilfe oder auch Hungerspenden, ist kein »politischer Fehler«. Das ist kühl kalkulierte Beihilfe zum Völkermord. Ein hartes Urteil — aber Realität. Der Westen spekuliert darauf, daß sich Äthiopien früher oder später wieder dem westlichen Lager zuwenden wird — weg von der Sowjetunion, die das äthiopische Regime heute noch unterstützt.

Denn das wäre nicht das erste Mal. In den 28 Jahren Krieg gegen Eritrea hat das äthiopische Regime schon einmal die »Freunde« gewechselt. Waren zuerst die USA der engste Verbündete, wechselte Äthiopien nach dem Sturz von Kaiser Haile Selassie in das sogenannte »sozialistische Lager« über.

Statt Napalm »made in USA« regnete nun Napalm »made in USSR« auf die eritreische Bevölkerung nieder. Welch einen Unterschied macht das aus? Napalm bleibt Napalm. Ohne die imperialistische Einmischung zugunsten Äthiopiens wäre der Befreiungskampf in Eritrea längst zugunsten des eritreischen Volkes entschieden.

Der Kampf der Supermächte um Einflußsphären in diesem Gebiet wird auf dem Rücken der Völker ausgetragen. Das Horn von Afrika ist von enormer strategischer Bedeutung. Wer Eritrea kontrolliert, kontrolliert den Zugang zum Suezkanal ebenso wie den Zugang zum Indischen Ozean. Er sitzt in unmittelbarer Nähe der Ölfelder Arabiens. Dort verlaufen

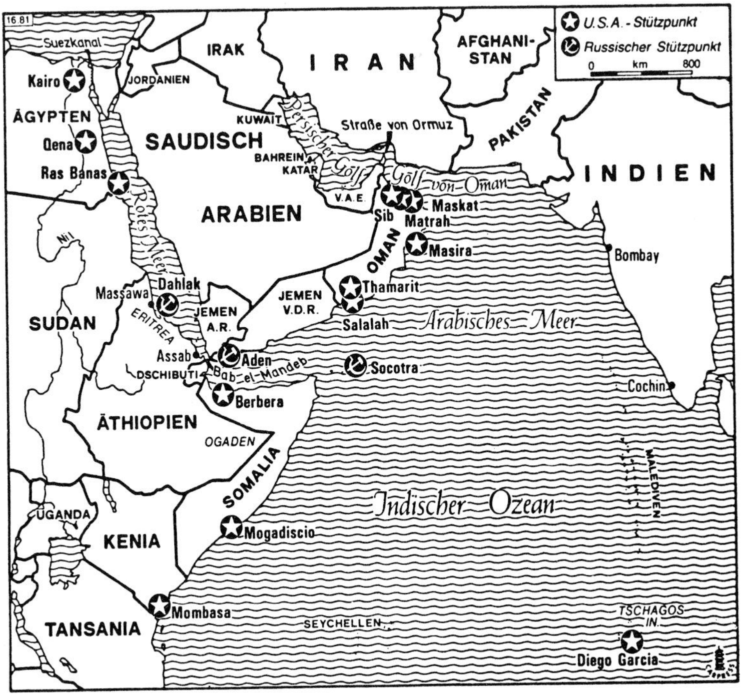

Militärstützpunkte der Supermächte am Indischen Ozean

die wichtigsten Tankerrouten nach Europa und Japan. Und auch für die Sowjetunion hat diese Schiffahrtsroute enorme Bedeutung: Knapp 70 Prozent des Inlandumschlags von Gütern nimmt diese Route. Das ist der Hintergrund für die imperialistische Einmischung am Horn von Afrika.

Die Geschichte der Unterdrückung

Die vorkoloniale Geschichte Eritreas

Eritrea, so wie es heute auf den Landkarten eingezeichnet ist, wurde durch die italienischen Kolonialisten geformt. Jahrhunderte zuvor war das Gebiet in eine Vielzahl lokaler Stammes- und Fürstentümer gegliedert. Nilotische Völker,

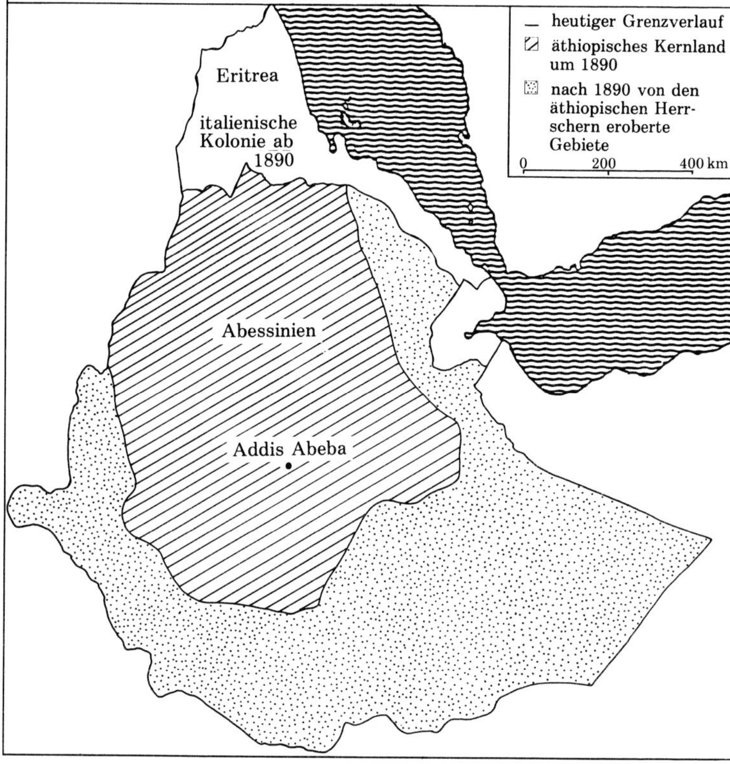

Eritrea und Äthiopien um 1890 (zur Zeit der Machtergreifung von Menelik II)

das Volk der Beja, welches in der ägyptischen Geschichte eine große Rolle spielte, und semitische Volksgruppen haben das eritreische Volk geprägt. Teile Eritreas lagen in dem Königreich von Aksum. Nach dessen Zerfall um 700 beherrschten die Bejas die Region. Fünf unabhängige Königreiche wurden von ihnen aufgebaut: Nagash, Belgin, Bazin, Jarin und Quaita'a erstreckten sich über den Nordostsudan und Eritrea. Um 1400 wurde Eritrea bekannt als Medri Bahri, das Land am Meer, regiert von Bahri Negassi. Die Grenzlinie zu Abessinien bildete der Mereb Fluß. 1500 besetzten Truppen des Osmanischen Reichs Massawa und die Gegend um Hirgigo. Die Versuche der Ottomanen, in das eritreische Hochland vorzudringen, schlugen fehl. 1869, als die Italiener bereits in Assab saßen, wechselte die Macht von den ottomanischen Türken zu dem ägyptischen Khedivenstaat. Nachdem sich die Ägypter aufgrund des zunehmenden Drucks der sudanesischen Mahdi-Armee zurückziehen mußten, kamen Teile des eritreischen Hochlandes für den Zeitraum von 1876 bis 1889 unter die Kontrolle des abessinischen »Königs der Könige«, Johannes IV.

Der äthiopische Anspruch auf Vorherrschaft

Die Behauptung äthiopischer Geschichtsschreiber, Eritrea sei schon immer ein Teil Äthiopiens gewesen, ist historisch völlig unhaltbar. Sowenig wie die italienischen Kolonialisten den Äthiopiern das Land Eritrea abgenommen haben, sowenig hat zu dieser Zeit überhaupt ein einheitlicher äthiopischer Staat bestanden. Vielmehr entstanden beide Staaten durch die koloniale Grenzziehung, festigte sich das abessinische Reich nach Jahrhunderten erbitterter Fehden zwischen regionalen Fürstentümern erst unter der Herrschaft Menelik II. Er kam in Abessinien 1889 an die Macht, just zu dem Zeitpunkt, als Eritrea zur italienischen Kolonie erklärt wurde.

Die Zeit der italienischen Kolonialherrschaft 1890—1941

Wie jedes kolonialisierte Land wurde Eritrea ausschließlich dem Nutzen der italienischen Kolonialisten unterworfen. Anfänglich nur an der Nutzung der Häfen interessiert, änderte sich das mit dem Machtantritt Mussolinis. Dieser wollte aus dem Land mit dem angenehmen Klima ein Siedlungsgebiet für arbeitslose Süditaliener machen.

Fruchtbares Land, vornehmlich im Hochland, wurde enteignet. Aber aufgrund des zunehmenden Widerstandes der Bauern mußte der Landraub 1926 auf dem damaligen Stand gestoppt werden. Der Zustrom italienischer Siedler stieg von 5 000 im Jahre 1930 auf über 50 000 im Jahre 1935 an. In

Plantagen wurden Kaffee, Baumwolle und Zitrusfrüchte angebaut. Häfen, Straßen und Eisenbahnverbindungen wurden gebaut, um mit der verbesserten Infrastruktur die Ausbeutung des Landes zu steigern und den Warenverkehr zu erleichtern. Die traditionelle Gesellschaft (Dörfer mit kommunalem Landbesitz, feudaler Großgrundbesitz) wurde durch den Prozeß der kolonialen Unterdrückung und Ausbeutung stark erschüttert. Während die nicht enteigneten Bauern ihr Leben in der Dorfgemeinschaft unter den vorherrschenden archaischen Bedingungen weiterführten, wanderten massenhaft durch Enteignung landlos gewordene Bauern in die Städte. Sie wurden billige Arbeitskräfte für die Leichtindustrie, die Plantagenbesitzer und die Bauindustrie. Es entstand eine kolonialrassistische Gesellschaft, auf der untersten Stufe die Fabrik- und Landarbeiterschaft. In den Diensten der weißen Herren spürten die Eritreer als Landarbeiter oder Hausmädchen die rassistische Unterdrückung.

»Sie haben Straßen und Eisenbahnen gebaut. Aber wir waren die dummen Schwarzen und sie die Herren, das haben sie uns immer spüren lassen. Die wenigen, die zur Schule durften, haben nur das gelernt, was sie für den Dienst bei den Herren brauchten. Ein bißchen Italienisch, Schreiben, Lesen, Rechnen und ihre Geschichte. Vier Klassen, mehr nicht.« (eine alte Frau in Solomuna)

Auf der Baumwollplantage des Italieners Baratallo, der größten am Horn von Afrika, in Ali Gidr, schufteten mehr als 4 000 Eritreer für 2 DM am Tag.

Sprungbrett zur Aggression

Der Ausbau des Landes hatte auch militärstrategische Aspekte für die italienischen Kolonisatoren. Die anfänglichen Niederlagen bei den Versuchen, das benachbarte Abessinien einzunehmen, wurden mit der Hochrüstung der Kolonialarmee beantwortet. Zahlreiche Eritreer wurden für den Krieg gegen Abessinien rekrutiert. Trotz des 1928 zwischen Italien und Abessinien geschlossenen zwanzigjährigen Freundschaftspaktes griff Italien 1935 Abessinien an.

Proteste beim Völkerbund verhallten ungehört. 1936 setzten die italienischen Truppen Senfgas ein. Die abessinische Armee kapitulierte, Haile Selassie ging ins Exil nach London. Von 1936 bis 1941 hielt Italien das Land besetzt.

Unter britischer Verwaltung 1941—1952

Während des II. Weltkrieges war Eritrea das erste Land, welches von den Alliierten im Krieg gegen das faschistische Italien »befreit« wurde. Die Briten übernahmen die Verwaltung und nutzten das bereits vorhandene Potential an Industriearbeitskräften für die Versorgung der alliierten Armeen. Mit der Entstehung von zirka 300 Betrieben der Leichtindustrie führte dies zu einem sprunghaften Anwachsen der industriellen Arbeitsplätze. Eine relativ freie Presse entstand, Gewerkschaften bildeten sich. Binnen weniger Jahre galt die eritreische Arbeiterbewegung als die stärkste des damaligen Afrikas.

Demonstrationen für Demokratie, gegen Rassentrennung, Streiks und Bauernaufstände in Westeritrea gegen die Tributpflicht an die feudalen Großgrundbesitzer und die britischen Verwalter nahmen nach der Befreiung vom Faschismus zu. Die unter der britischen Verwaltung durchgeführte Liberalisierung des Lebens, wie zum Beispiel die Aufhebung der Rassenschranken, die Öffnung und der Ausbau des Schulwesens, waren Ergebnisse der politischen Mobilisierung der Bevölkerung. Fragen wie: Was kommt nach dem Ende des Krieges, die in Aussicht gestellte Unabhängigkeit, die Zukunft des Landes wurden breit diskutiert.

Dem relativ fortgeschrittenen Eritrea stand 1945 der Nachbar Äthiopien gegenüber. Nach der Rückkehr des Negus Haile Selassie war Äthiopien ein Land, in dem sich der Feudalismus behaupten konnte. Ganze Volksstämme wurden unter der Vorherrschaft des amharischen Adels in die Sklaverei gezwungen, das Volk besaß keinerlei demokratische Rechte. Unverhüllt erhob der äthiopische Herrscher Anspruch auf die ehemaligen Kolonien Somalia, Djibouti und Eritrea. Die machtpolitischen Interessen Äthiopiens (Zugang zum Meer und die Nutzung der wirtschaftlichen Kapazitäten Eritreas) wurden mit Begründungen der ethnischen und kulturellen Zusammengehörigkeit vorgetragen.

Groß-Äthiopien als der Folgestaat des vor mehr als 1 200 Jahren niedergegangenen Reiches von Aksum, als christliches Bollwerk gegen die islamische Einkreisung?

Diesen politischen Bestrebungen gegenüber hatten sich bis 1950 unter der eritreischen Bevölkerung drei politische Gruppierungen herausgebildet:

- Die »Unionist Party« forderte die Angliederung Eritreas an Äthiopien. Ihre Anhänger fand sie in Teilen der Landbevölkerung, die starker Propaganda durch die koptische Kirche ausgesetzt war, auch unter den islamischen und christlichen Stammesfürsten und Feudalherren. Diese konnten sich mit dem herrschenden äthiopischen Feudaladel arrangieren. Diese Gruppierung wurde massiv finanziell von Äthiopien unterstützt.
- Die »Muslim League«, sehr militant, umfaßte Moslems aus Dörfern und Städten, die von dem christlichen Expansionismus Haile Selassies abgeschreckt waren. Später vereinigte sie sich mit der
- »Liberal Progressive Party«, die in den unteren und mittleren Schichten sowie in den Gewerkschaften ihre Basis hatte, zum »Independence Bloc«, der für die Unabhängigkeit eintrat. Verschiedene kleinere Gruppierungen wie die »New Eritrean Party«, die »Independent Eritrea Party« trugen diese Vereinigung mit. Die Anhänger der Unabhängigkeit begründeten ihre Position mit den unterschiedlichen sozialen, politischen und wirtschaftlichen Systemen Eritreas und Äthiopiens. Ein Telegramm der US-Botschaft in Äthiopien vom 19. 8. 1949 schätzte den Einfluß des »Independence Bloc« auf 75 Prozent der eritreischen Bevölkerung.

Hinter dem Rücken des eritreischen Volkes

Bereits während der britischen Verwaltung begann der Ausverkauf Eritreas. Nach dem Ende des II. Weltkrieges demontierten die Briten ganze Industrieanlagen und verkauften sie an das Ausland. Die Siegermächte (USA/UdSSR/England/Frankreich) konnten sich über die Zukunft des Landes nicht einigen. Der von Großbritannien vorgeschlagene Teilungsplan sah vor, Eritrea zwischen dem Sudan (Britische Kolonie) und Äthiopien aufzuteilen.

Aufgrund der Nichteinigung der Siegermächte über die Zukunft der ehemals italienischen Kolonie wurde die Eritrea-Frage an die UNO abgegeben. Eine Untersuchungskommission wurde beauftragt. Deren Mitglieder selbst waren gespalten: Pakistan und Burma sprachen sich für die Unabhängigkeit Eritreas aus, Südafrika plädierte für eine Föderation und Norwegen für eine Union zwischen Äthiopien und Eritrea.

Die UNO diktiert die Zukunft

Die UN-Vollversammlung entschied sich Dezember 1950 für eine Föderation beider Länder. Die UNO wurde zu der Zeit völlig von US-Interessen dominiert. Der Entschluß der UNO entsprach voll deren weltmachtpolitischen Interessen, sich in Nord-Ost-Afrika als Supermacht festzusetzen. Das feudalistische Äthiopien schien den USA ein verläßlicher Bündnispartner zu werden. Als Haile Selassie den USA das Nutzungsrecht an Militärstützpunkten zusicherte, stellte sich die USA ausdrücklich hinter die expansionistische Politik des äthiopischen Kaisers.

In klaren Worten brachte John Foster Dulles vom US-State Department 1950 den Gegensatz von Gerechtigkeit und Machtpolitik zum Ausdruck: »Der Gerechtigkeit halber müßte der Wille des eritreischen Volkes berücksichtigt werden. Aber die strategischen Interessen der USA und Überlegungen zu Weltsicherheit und Weltfrieden zwingen dazu, eine Verbindung des Landes mit unserem Alliierten Äthiopien zu unterstützen.«

Die UNO erklärte gegen die Stimmen der sozialistischen Länder und einiger blockfreier Staaten das Unrecht zu Recht. Das eritreische Volk wurde zu keiner Zeit um seine Meinung befragt.

Das Resultat, der UNO-Beschluß 390 A (V), ist eine Schein-Entkolonialisierung und von innerer Widersprüchlichkeit gezeichnet:

- Das Dokument erkennt das Volk von Eritrea als ein Volk an. Es garantiert den Eritreern die grundlegenden Menschenrechte und das Recht auf ein eigenes Parlament — also Selbstbestimmung in inneren Angelegenheiten;
- während es andrerseits die internationale Souveränität eben dieses Volkes der äthiopischen Krone unterstellt — also Fremdbestimmung in Fragen der Außenpolitik und der Armee.

Nach anfänglichen heftigen Protesten gegen die Föderation akzeptierten die Eritreer schließlich die Föderation in dem irrigen Glauben, die UNO würde Garant ihres eigenen Beschlusses sein.

Von der Föderation zur Annektion

Der demokratische Putz, mit dem die UNO die Übergabe Eritreas an Äthiopien verhüllt hatte, bröckelte schnell ab. Dem absoluten Herrscher Äthiopiens war die relativ demokratische Entwicklung in Eritrea mehr als suspekt. Er fürchtete ein Übergreifen der demokratischen Bewegung auf sein feudalistisches Regime. Den offensichtlichen Widerspruch zwischen den beiden Ländern löste er mit der schrittweisen Aushöhlung und Abschaffung der den Eritreern von der UNO garantierten Rechte. Entsprechend kurz dauerte die Föderation:

März 1952	Wahlen zum eritreischen Parlament.
Juli	Die von der UNO entworfene Verfassung wird vom eritreischen Parlament unterzeichnet.
September	Haile Selassie unterzeichnet die Verfassung Eritreas.

1953 Die eritreischen Gewerkschaften und die freie Presse werden mit Ausnahme von »Zemen«, der Zeitung der äthiopienhörigen »Unionist Party«, verboten. Grundlage für das Verbot sind äthiopische Polizei- und Pressegesetze.

1953—1955 Die äthiopische Gesetzgebung wird auf Eritrea ausgedehnt. Im August übernimmt der Stellvertreter des Kaisers Haile Selassie ohne Befragung des Parlaments das Amt des Regierungschefs.

1956 Neuwahlen zum Parlament. Ein neues Wahlrecht und Kandidatenmanipulation ergeben eine starke proäthiopische Mehrheit.

1956 Die eritreischen Amtssprachen Arabisch und Tigrinia werden durch die äthiopische Amtssprache Amharik ersetzt.

1958 Umwandlung der eritreischen Regierung in die eritreische Verwaltung.

1962 Am 13. November beziehen äthiopische Truppen in allen wichtigen Städten Eritreas Stellung an strategisch wichtigen Punkten.
14. November: Eritrea wird als 14. Provinz Äthiopiens annektiert.

Die äthiopische Geschichtsschreibung damals wie heute stellt den Vorgang am 14. 11. 1962 als die »demokratische Entscheidung« des eritreischen Parlaments dar. Was ist tatsächlich geschehen?

Am 14. 11. 1962 stimmte das eritreische Parlament der »Wiedervereinigung mit dem Mutterland Äthiopien« zu. Vorausgegangen war die massive Unterdrückung und Ausschaltung der Opposition gegen Äthiopien mit Parteienverbot, Gewerkschaftsverbot, Verhinderung der Pressefreiheit, Wahlmanipulation. Mit vorgehaltener Waffe wurden die 68 Abgeordneten in das Parlament gebracht, das Gebäude war von Militär umstellt. Die Aufhebung der Föderation war nur noch ein formaler Akt. Der Vertreter des Kaisers machte sich nicht einmal die Mühe, seine Rede in der Sprache der eritreischen Parlamentarier zu halten. In Amharik erklärte er:

»Die Erklärung, die ich Ihnen vorlesen werde, ist die endgültige Lösung der Eritrea-Frage, und da ist nichts, was Sie tun können, außer dies so zu akzeptieren. Wir haben die Föderation für null und nichtig erklärt und sind hiermit mit unserem Mutterland wiedervereint ...«

Wahrlich demokratisch! Und die UNO? Stumm und tatenlos sah sie zu, wie damit auch der letzte Rest ihres Beschlusses von Haile Selassie hinweggefegt wurde.

Die Annexion Eritreas verstößt eindeutig gegen das Völkerrecht. Und in diesem völkerrechtswidrigen Akt liegt auch die Wurzel des eritreischen Freiheitskampfes, der zum längsten nationalen Befreiungskampf in Afrika geworden ist.

Zwischen den Mühlen der Großmachtpolitik

In den 29 Jahren des bewaffneten Befreiungskampfes hat die eritreische Unabhängigkeitsbewegung bittere Erfahrungen mit der Großmachtpolitik der beiden Supermächte machen müssen:

Die Allianz USA/Äthiopien 1945—1977

Mit der Verbindung USA/Äthiopien setzte im Gegenzug für das Nutzungsrecht militärstrategisch wichtiger Stützpunkte durch die US-Armee (Kagnew Station bei Asmara/ Dahlak Inselgruppe) massive US-Wirtschafts- und Militärhilfe für Äthiopien ein. Allein in den Jahren 1951 bis 1976 pumpten die USA 350 Millionen Dollar Wirtschaftshilfe und 279 Millionen Dollar Militärhilfe nach Äthiopien. Das ist mehr als die gesamte US-»Hilfe« für den afrikanischen Kontinent in diesem Zeitraum.

Äthiopien, wirtschaftlich und politisch völlig abhängig von den USA, entwickelte sich zum treuesten Verbündeten des US-Imperialismus in Afrika. Äthiopische Truppen kämpften in Korea (1951) und im Kongo (1960/61) an der Seite amerikanischer Truppen. Neben israelischen Spezialisten trainierten die »Green Berets« (eine Spezialeinheit der US-Army) die äthiopischen Militärs im Anti-Guerillakampf. Selbst als der treue Verbündete, Kaiser Haile Selassie, von den Militärs 1974 gestürzt wurde, änderte sich zunächst nichts an der amerikanischen Präsenz in Äthiopien. CIA, Militärberater und US-Diplomaten blieben bis 1977 im Land.

Die äthiopische »Revolution« 1974

Die Militärs stürzten Haile Selassie vor dem Hintergrund der wirtschaftlichen Verelendung der Bevölkerung und einer ungeheuren Hungersnot. Demonstrationen, Streiks, Bauernaufstände prägten das Land. Die Armee, erfolglos im Kampf gegen die eritreische Befreiungsbewegung, war des Kämpfens müde. Die feudalistische Unterdrückung des Volkes hatte die Bildung starker Oppositionsgruppen behindert. So begann der Staat des Kaisers zu wanken, ohne daß eine Kraft dagewesen wäre, die das entstehende Machtvakuum ausfüllte. In dieser Situation rissen die Militärs als einzige geschlossene und organisierte Kraft im Land die Macht an sich. Der Provisorische Militärrat aber war keine geschlossene politische Einheit. Von Anfang an kämpften verschiedene Fraktionen um die Macht. Diese hatten eins gemeinsam: Sie waren Nationalisten.

»Äthiopien über alles« war der Titel ihres Programms. Dort hieß es: »›Äthiopien über alles‹ bedeutet äthiopischer Sozialismus, und Sozialismus bedeudet: Gleichheit, Selbstvertrauen, Ehre der Arbeit, Herrschaft des Allgemeinwohls und die Unteilbarkeit der äthiopischen Einheit ...« Weiter versprach es die »Fortsetzung der äthiopischen Außenpolitik«.

Das Programm war der Ausdruck eines Kompromisses im Militärrat. Die Offizierskaste der feudalistischen Armee war zu solchen Zugeständnissen aufgrund der Gärung im Volk gezwungen. Intern liefen die Kämpfe der verschiedenen Fraktionen auf Hochtouren. Nach einer Serie von Hinrichtungen und Ermordung unbequemer Leute setzte sich schließlich die Fraktion um Mengistu Haile Mariam durch.

Die Weigerung der US-Regierung, dem Regime weiter Waffen zu liefern, fand vor dem Hintergrund statt, daß die USA die Entwicklung in Äthiopien mit Sorge betrachteten. Sie befürchteten, daß die Waffen Verwendung in einem Volksaufstand finden könnten.

Nicht zuletzt dies war der Grund, warum sich das äthiopische Militärregime an die Sowjetunion wandte.

Die sowjetische Intervention 1978 bis heute

Einst unterstützte die sozialistische Sowjetunion die Unabhängigkeit Eritreas in der UNO. Später schwenkte die UdSSR völlig auf die Seite Äthiopiens über. Aufgestiegen zur Supermacht, rang das einstmals sozialistische Land mit den USA um die Vorherrschaft in der Region. 1978 fiel die Entscheidung: Mit einer Luftbrücke noch nie dagewesenen Ausmaßes brachte die UdSSR in kürzester Zeit Waffensysteme für mehr als 2 Milliarden US-Dollar nach Äthiopien und rüstete die schwer angeschlagene äthiopische Armee neu auf. Und nicht nur das: Sowjetische Kriegsschiffe griffen in den eritreischen Befreiungskampf ein. Die Schlacht um Massawa wurde durch den massiven Einsatz sowjetischer Schiffsartillerie entschieden. Fortan gehörte die Hilfe der UdSSR dem äthiopischen Militärregime. Der Standpunkt der UdSSR während der UNO-Debatte 1950 wurde dem Großmachtstreben geopfert.

Die »neuen Freunde« in Addis Abeba ließen sich nicht lumpen: Der Preis, für den die UdSSR das Selbstbestimmungsrecht der Eritreer verschacherte, waren die begehrten Militärstützpunkte am Roten Meer.

Wenn es um militärstrategische Vorteile geht, findet man leicht passende Rechtfertigungen. Hier hießen sie: In Äthiopien hat der Sozialismus gesiegt, die eritreischen Befreiungskämpfer sind Konterrevolutionäre. Mengistu Haile Mariam, der »Oberrevolutionär«, der »weise Führer« des Volkes, war nach einer Rundfunkmeldung von Radio Addis Abeba bereits 1976 zur Schulung in ein Ostblockland geschickt worden, um nach seiner Rückkehr »augenblicklich den Marxismus-Leninismus in der Armee und der Arbeiterklasse zu verbreiten ...«.

Zum Zeitpunkt, als der frischgebackene »Marxist-Leninist« mit der frohen Botschaft des »realen Sozialismus« zurückkehrte, war bereits wieder tiefste Nacht in Äthiopien. Die Hoffnung des Volkes auf eine Zukunft in Freiheit und Frieden war durch den Militärrat mit einem brutalen Terror niedergewalzt worden: die Gewerkschaften verboten, die revolutionären Organisationen wie die EPRP zerschlagen, die Führer verhaftet oder ermordet.

Um solchen Betrug an den um ihre Freiheit kämpfenden Völkern vor den Augen der Öffentlichkeit zu verbergen, wurde im Kreml eigens dafür eine neue Theorie entwickelt: »Revolutionäre Militärdiktaturen« sollten in den Entwicklungsländern die Rolle des »Vortrupps der antiimperialistischen Bewegung« übernehmen. Damit wurde ein Mantel der Fortschrittlichkeit um die Diktatur der Militärs gehängt. Sogar das Selbstbestimmungsrecht — eine der tragenden Säulen des Marxismus-Leninismus — mußte zurückstehen. Es ging um mehr. Um die Macht. Um das Vorherrschaftsstreben der Sowjetunion in Afrika.

Über 8 000 sowjetische Militärberater, ergänzt durch Berater aus der DDR und Kuba, waren in den folgenden Jahren damit beschäftigt, den Befreiungskampf in Eritrea zu brechen. Sie mußten dieselben Erfahrungen machen wie ihre amerikanischen »Kollegen« in Eritrea und vorher in Vietnam: Der Wille eines Volkes ist militärisch nicht zu brechen. Nicht im Namen der »Freiheit« westlicher Prägung. Und auch nicht im Namen des »realen Sozialismus«.

Ein neuer Schwenk zeichnet sich ab

Nach der Zuspitzung der Kämpfe in Eritrea und der militärischen Wende 1988 sammelte sich wohl auch unter dem Eindruck der Veränderungen in der UdSSR die Opposition gegen Mengistu. Ein Putschversuch scheiterte im Mai 1989. Nahezu die gesamte Armeespitze war darin verwickelt; das Zentrum der Rebellion lag in Eritrea.

Die zugespitzte militärische Lage, der desolate Zustand der Armee und der sich abzeichnende Rückzug der Sowjetunion zwangen Mengistu zu neuen taktischen Schritten. Die unter der Vermittlung des Ex-US-Präsidenten Carter begonnenen Vorgespräche zu Friedensverhandlungen zwischen der EPLF

Militärische Lage August 1990, nach EPLF, TPLF, OLF und neutralen Beobachtern

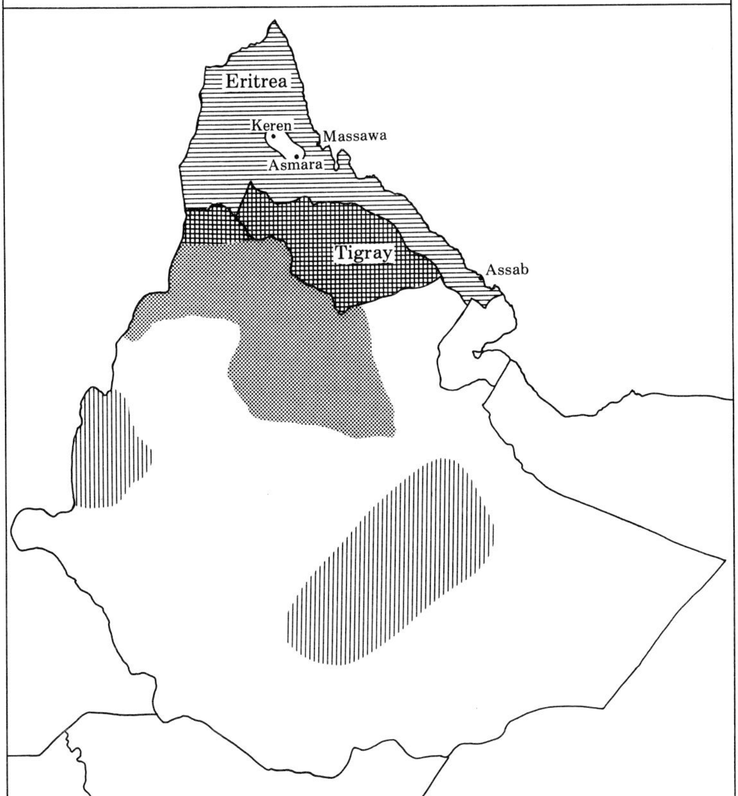

- Operationsgebiete der EPDRF
- Operationsgebiete der OLF (Asosa-Region weitgehend unter OLF-Kontrolle)
- EPLF kontrollierte Gebiete
- TPLF kontrollierte Gebiete

und dem äthiopischen Regime scheiterten jedoch bereits im Februar 1990. Entgegen den ersten Vereinbarungen lehnte die äthiopische Seite eine Einladung der UNO als Beobachter zu den Friedensgesprächen ab. Parallel dazu wandte sich Addis Abeba Israel zu. Mit den politischen Änderungen in der DDR versiegte eine wichtige militärische Nachschubquelle. Israel sprang in diese Bresche und schickte Militärberater sowie Napalm und Splitterbomben. Mengistu bot den Israelis dafür die Nutzung von Militärstützpunkten im Roten Meer an. In Addis Abeba werden heute die Weichen zu einem neuen politischen Schwenk gestellt. 1990 im Dezember läuft das Abkommen mit der UdSSR aus.

Im Kernland Äthiopien kontrollieren inzwischen die Befreiungskämpfer von Tigray die gesamte Nordprovinz, und in Verbindung mit der äthiopischen volksdemokratischen Bewegung sind große Teile der Provinzen Wollo und Gondar nicht mehr unter Kontrolle der Regierung. Die Befreiungsorganisationen stehen 120 Kilometer vor Addis Abeba, und im Süden Äthiopiens verstärkt die Oromo-Befreiungsorganisation ihre militärischen Aktivitäten. Mengistu gerät zunehmend unter Druck: Im März kündigte er politische Reformen an. Marktwirtschaftliche Prinzipien sollen eingeführt werden. Den Oppositionsgruppen in Äthiopien bietet er statt realen Friedensverhandlungen die Mitarbeit in der flugs zur »Demokratischen Einheitspartei« umgetauften alten Staatspartei an.

Die pseudosozialistischen Phrasen und Parolen verschwinden derzeit in der Mottenkiste. Mengistu wird zum Demokraten, und seine neue Erkenntnis heißt: »Der Sozialismus ist gescheitert.« Zum Lohn winkt millionenschwere westliche Entwicklungshilfe.

Eine Welle nationalistischer Propaganda überschwemmte Äthiopien, als die EPLF am 10. 2. 1990 die Rotmeerhafenstadt Massawa einnahm. Die äthiopischen Truppen sind nun in Asmara und Keren eingeschlossen und können nur noch aus der Luft versorgt werden. Die militärische Niederlage der äthiopischen Armee scheint nur noch eine Frage der Zeit zu sein.

Doch Mengistu lehnt bislang alle Vermittlungsversuche selbst der UNO ab. Mit dem neuen Verbündeten Israel im Rücken setzt er selbst in dieser aussichtslosen Situation auf eine militärische Lösung.

Noch einmal wird deutlich, daß mit dem Diktator Mengistu eine friedliche Lösung und damit eine Beendigung der Leiden des eritreischen und des äthiopischen Volkes unmöglich ist. Die nächste Zeit wird zeigen, ob das äthiopische Regime es schafft, mit fliegenden Fahnen die Freunde zu wechseln, um mit deren Hilfe den Widerstand im eigenen Land und in Eritrea zu brechen.

Durch Wüste und Steppe ...

... zur Grenze Eritreas

Im freien Eritrea

Mit der EPLF im befreiten Afabet

Der Tag ist glühend heiß, als wir mit einem Landrover der EPLF von Port Sudan aufbrechen. Durch Steppe und Steinwüste führt uns der Weg an die Grenze zu Eritrea — über Pisten und durch ausgetrocknete Flußtäler. Die Grenze zu Eritrea markiert ein Schlagbaum. Gewissenhaft werden unsere Pässe und die mitgeführten Schreiben der EPLF kontrolliert. An diesem Ort bleiben wir, bis die Abenddämmerung anbricht. Dann führt uns die Fahrt über abenteuerliche Serpentinenstraßen, die von den Bautrupps der EPLF angelegt wurden, in die Basis der EPLF. Mitten in der Nacht erreichen wir das Gästehaus der EPLF, ein gut getarntes Haus, an die Berghänge geduckt. Von hier aus werden wir in den nächsten Wochen die befreiten Gebiete Eritreas bereisen.

Afabet, 20. Oktober 1988.

Die Straße nach Afabet ist gesäumt von den Trümmern der heftigen Kämpfe im April dieses Jahres. Zerstörte Panzer, zerfetzte, von der Hitze brennenden Benzins und Munitionsladungen zu skurrilen Formen verbogene Lastwagen. Verkohlte Bäume ragen im Scheinwerferlicht unseres Landrovers in den Himmel. Wir passieren die Stelle, an der die in Afabet stationierte Brigade der äthiopischen Armee in einen Hinterhalt der EPLF-Kämpfer geriet. Übriggeblieben sind rostende Millionenwerte. Über dem Tal liegt Totenstille.

»Wir haben Afabet erobert. Niemals in all seinen Träumen hat der Derg (äthiopischer Militärrat, d. V.) erwartet, daß wir diese Stadt angreifen. Afabet war die Kommandozentrale der NADEW-Front. Eine Militärgarnison. Der beste Teil der äthiopischen Besatzungsarmee war hier stationiert.« Nicht ohne Stolz gibt Girmay Asmerom, Mitarbeiter im »Auswärtigen Amt« der EPLF, sein Statement ab. »Das ist nicht nur ein militärischer Erfolg — wir haben der ganzen Welt gezeigt,

Bilder von der Straße nach Afabet

daß der eritreische Befreiungskampf militärisch nicht zerschlagen werden kann.«

26 Jahre dauert nun schon der längste Befreiungskrieg auf dem afrikanischen Kontinent. Es ist den äthiopischen Besatzern weder mit US-amerikanischer Hilfe noch mit Waffenhilfe der UdSSR gelungen, den eritreischen Freiheitskampf militärisch zu brechen. Aber er wurde — und wird — immer wieder totgesagt.

Längst schon hat der Befreiungskampf in Eritrea den Rahmen eines Guerillakrieges verlassen. Aus der EPLF der siebziger Jahre ist eine Befreiungsorganisation geworden, die mit ihrer Armee, der Eritrean Peoples Liberation Army (EPLA) gegen die äthiopischen Besatzer einen kombinierten konventionellen und Guerillakrieg führt. Und nicht nur das: Mittlerweile kontrolliert und verwaltet die EPLF 90 Prozent des Landes.

Die Straße nach Afabet. Im Herbst 1985, kurz nach der letzten äthiopischen Großoffensive gegen die Stellungen der EPLA, konnte man von den EPLA-Stellungen an der Nakfa-Front nur einen vorsichtigen Blick über den Schützengrabenrand auf diese strategisch wichtige Verbindungsstraße wagen. Heute, nach achtjährigem Stellungskrieg, hat sich das Blatt zugunsten der Befreiungsorganisation gewendet. In der Frühjahrsoffensive der EPLA verlor die äthiopische Besatzungsarmee die Stellungen an der gesamten 450 Kilometer langen Frontlinie. Die Besatzer mußten sich nach verheerenden Niederlagen in einige wenige Großstädte zurückziehen.

»Und der Derg?« Girmay spielt auf die folgende Generalmobilmachung in Äthiopien an: »Gestern verkündete er noch dem äthiopischen Volk, daß er in Eritrea gegen eine Handvoll Banditen kämpft. Heute muß er sich von seinem Volk fragen lassen: Warum sollen wir das ganze Land mobilisieren wegen einer Handvoll Banditen?«

Tatsächlich hat die Offensive der EPLF mehr verändert als das Kräfteverhältnis und die militärische Landschaft innerhalb Eritreas. Das Regime in Addis Abeba wurde zum sofortigen Friedensschluß mit dem Erzfeind Somalia gezwungen, um die freiwerdenden Truppen in den Norden verlegen zu können. In Rundfunkansprachen wurde der Krieg gegen Eritrea zu einer schicksalhaften Auseinandersetzung hochstilisiert, die — entgegen früheren Verleugnungen des Konflikts — noch einige Monate bis zum sicheren Sieg dauern könne. Wirtschaft und Politik, die ganze Gesellschaft in Äthiopien mußte ihren Anteil an der Generalmobilmachung entrichten. 30 Prozent des Gewerkschaftsvermögens, 30 Prozent des Etats jedes Ministeriums flossen zusätzlich in die Kriegskasse, deren Anteil am Gesamthaushalt immerhin schon seit Jahren mehr als 50 Prozent ausmacht.

Afabet unter äthiopischer Besatzung

Einst eine Kleinstadt, in der reger Handel getrieben wurde, verkam die Stadt unter äthiopischer Besatzung zur reinen Militärgarnison. Das ganze Leben wurde durch die anwesenden Besatzungstruppen bestimmt. Ab 18.00 Uhr herrschte Ausgangssperre. Für das Verlassen der ringsum verminten Stadt benötigten die Einwohner einen Passierschein des Militärs. So sollte die Infiltration durch EPLF-Kämpfer verhindert werden. In der einzigen Schule der Stadt wurden die Kinder in Amharik, der Sprache der Besatzer, unterrichtet, für die Menschen in Afabet eine Fremdsprache.

Selbst für das Lebensnotwendigste, das Wasser, mußten die Bewohner Afabets dem Militär für zwölf Liter zwei äthiopische Birr (ein US-Dollar) bezahlen. Auf dem Militärgelände lag der einzige Brunnen der über 7 000 Einwohner zählenden Stadt. In den Jahren der äthiopischen Besatzung wurden für die Bevölkerung weder soziale Einrichtungen geschaffen, noch während der Dürre kostenlos Nahrungsmittel verteilt.

Für Geld dagegen war alles zu haben. Auf ein offenes Geheimnis stoßen wir in den zahlreichen kleinen Einkaufsläden der Stadt: Hilfsgüter, Butteröl und Weizen mit dem Aufdruck »For free distribution« (»Zur kostenlosen Verteilung«),

Stadt Afabet

Nahrungsmittel aus Hungerspenden in den Regalen der Händler in Afabet

Hilfsgüter aus EG-Beständen, gespendet an das Volk von Äthiopien, stehen in den Regalen. Sie sind zu kaufen.

Die Händler hatten die Hilfsgüter von der äthiopischen Armee gekauft. In deren Lagern häuften sich die gespendeten Nahrungsmittel. Diese Tatsache ist schon länger bekannt. Neu an der Situation in Afabet ist, daß nicht nur die Armee mit Hilfsgütern gefüttert wurde und wird, sondern daß sich das äthiopische Regime mit den Hilfslieferungen vornehmlich westlicher Geberländer eine zusätzliche Einnahmequelle verschafft. In der eritreischen Hauptstadt Asmara wurden im Januar 1990 Getreidesäcke aus internationalen Hilfslieferungen für 80 Dollar an die Bäckereien der Stadt verkauft. Sinn internationaler Hungerhilfe?

Nach der Befreiung der Stadt begann die eritreische Hilfsorganisation ERA mit der Verteilung von Nahrungsmitteln. Fünf neue Brunnen wurden von den Bohrtrupps der EPLF bislang gebohrt. Wasser war kein Luxus mehr. Die EPLF richtete eine neue Schule ein sowie ein Regionalhospital. Innerhalb weniger Wochen verfügte das Städtchen über die allernotwendigste Infrastruktur.

Aber mehr als 4 000 Bewohner sind bislang in das sichere Hinterland geflohen, nachdem die Stadt mehrmals bombardiert wurde. Für die wenigen, die geblieben sind, hat sich das Leben weitgehend normalisiert. Kleine Teestuben sind geöffnet, Bauarbeiten und Handel in vollem Gange.

Mit den verhaßten Besatzern hat die Bevölkerung auf ihre Weise abgerechnet: Übergroße Portraits von Marx, Engels und Lenin sind aus der Wand gehauen. Am monumentalen Hammer-und-Sichel-Gebilde, das den Eingang zu der Kaserne zierte, ist die Sichel geknickt. Stahlbetonmonumente, in Zement gegossene politische Parolen und Militärwillkür haben in Afabet niemanden von den Vorzügen des »realen äthiopischen Sozialismus« überzeugen können.

Der äthiopische »Sozialismus« hat in den Herzen und Köpfen der Menschen keinen Eingang gefunden. Daran konnte auch die Zwangsmitgliedschaft in der WPE (Arbeiterpartei

In Afabet

Volksmiliz

Eingang zur Garnison Afabet

Äthiopiens) nichts ändern. Im Gegenteil. Sozialismus ist für die Menschen in Afabet heute gleichbedeutend mit der Unterdrückung ihrer nationalen und kulturellen Identität.

An das Erbe der Besatzer werden die Einwohner von Afabet noch lange denken: Allein in den Monaten Juni und Juli registrierte das Hospital der Befreiungsfront 120 durch Tretminen verletzte Zivilisten. Die Toten wurden nicht gezählt. Die Opfer: hauptsächlich junge Leute, die beim Viehhüten in die Minenfelder der Äthiopier gerieten.

Am Wendepunkt

Nach ihrer erfolgreichen Offensive sehen sich die Kämpfer der EPLF an einem Wendepunkt des Krieges. Sind Freiheit und Frieden nähergerückt?

Girmay: »Wir sind politisch und militärisch in der stärkeren Position. Wir kämpfen nicht, weil wir Krieg wollen. Seit 28 Jahren kennen wir nichts anderes als Krieg. Wir wollen Frieden. Dazu hat die EPLF schon mehrmals konkrete Vorschläge gemacht. Wir wollen einen Frieden, der uns die grundlegenden Menschenrechte garantiert: Selbstbestimmung, Rede-, Presse-, Meinungs- und Versammlungsfreiheit. Und — wir wollen Frieden mit unserer Identität. Wir sind Eritreer. Wir sind und wir waren noch nie Äthiopier. Niemand kann uns zwingen, das zu sein, was wir nicht sind.«

Verbrannte Erde

»Fische fängt man, indem man den Teich trockenlegt.« Diese Logik lenkt die äthiopische Politik gegenüber Eritrea. Es spricht einiges dafür, daß das äthiopische Regime bewußt darauf hinarbeitet, die Existenz des eritreischen Volkes auszulöschen. Das äußert sich nicht nur in dem Verbot der eritreischen Kultur und Sprachen, wodurch die Eritreer ihrer Identität beraubt werden sollen. Gerade die praktische Politik Äthiopiens beweist die Ernsthaftigkeit, mit der Aussagen hoher äthiopischer Funktionäre wie zum Beispiel »Wir brauchen das Land, nicht die Leute!« umgesetzt werden.

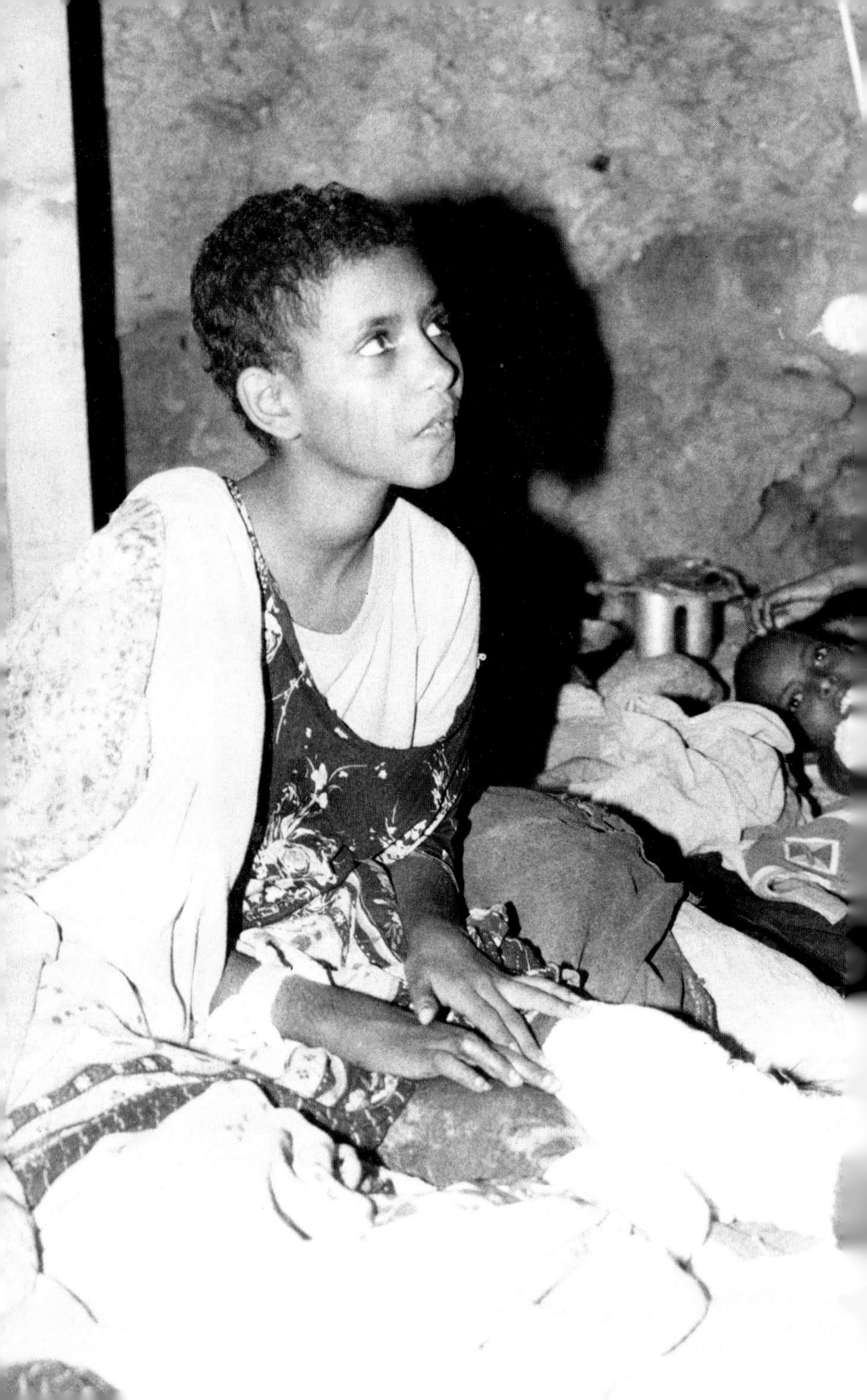

Für den Besucher ist die Allgegenwart der äthiopischen Aggression durch die ständige Präsenz der äthiopischen Kriegsflugzeuge und die dadurch notwendigen Vorsichtsmaßnahmen in den befreiten Gebieten erkennbar. Arbeiten, leben und auch reisen kann man in den befreiten Gebieten nur nachts oder bei bewölktem Himmel. Tagsüber verunsichern Luftangriffe die Bevölkerung. Sie machen ein systematisches Bearbeiten der Felder unmöglich. Die Bauern auf den Feldern und die umherziehenden, nomadischen Völker Eritreas sind ebenso Zielscheibe äthiopischer Luftangriffe wie jede Menschenansammlung am Tage, wie Staudämme und Bewässerungsanlagen.

Der Krieg hat nicht nur unmittelbare zerstörerische Auswirkungen. Rund ein Drittel der Bevölkerung wurde entwurzelt, was einen ungeheuren Arbeitskräfteschwund gerade auf dem Land ausmacht. Die Versorgung der Bevölkerung ist erschwert. Die lokalen Märkte sind unterbrochen. Hunderttausende Eritreer mußten bislang aus den Städten und Dörfern fliehen.

Hunger als Waffe

Während der Dürreperiode 1983—1985 kam es auch in Eritrea zu einer großen Hungersnot, die zigtausende Leben kostete, eine Katastrophe, die in der Kriegs- und Vertreibungspolitik ihre Ursache hat — nicht allein in der Dürre.

Selbst humanitäre Hilfe ist von den Militärs in Addis Abeba zur politischen Waffe umfunktioniert worden: Internationale Hilfslieferungen wurden vom äthiopischen Militär zurückgehalten, um die Bevölkerung jener Regionen, die nicht unter ihrer Gewalt standen, auszuhungern. Tausende Bauernfamilien wurden so gezwungen, Haus und Hof zu verlassen. Viele von ihnen erreichten die Hungerlager im Sudan nicht. Einige starben bei den Luftangriffen auf die Flücht-

Opfer von Tretminen

lingskolonnen. Andere überlebten die Strapazen des langen Marsches nicht.

Nach Berichten von Flüchtlingen wurden hilfesuchende, hungernde Menschen, die nicht aus den regierungskontrollierten Gebieten kamen, abgewiesen und mit Gewalt vertrieben. So geschehen in Barentu, West-Eritrea. Zur selben Zeit füllten sich die Lager der äthiopischen Militärs mit Nahrungsmitteln aus EG-Beständen, aus den USA und anderen, vornehmlich westlichen Geberländern.

Ein Waffenstillstandsangebot der EPLF, das allen Hilfsorganisationen ungehinderten Zutritt zu den Hungernden gewähren sollte, lehnte das Regime in Addis Abeba ebenso ab wie die Forderung internationaler Gremien, die Nahrungsmittelverteilungen zu überwachen.

Auf dem Höhepunkt der Hungerkatastrophe richtete die äthiopische Armee ihre Militäraktionen genau gegen jene Gebiete, in denen Grundnahrungsmittel produziert werden. So 1985 gegen landwirtschaftlich genutzte Gebiete im Südwesten Eritreas (Ali Gidr). So auch im Frühjahr 1988. Nach den militärischen Erfolgen der EPLF wies die äthiopische Regierung alle Hilfsorganisationen aus den äthiopisch kontrollierten Gebieten Eritreas aus. Die offizielle Begründung: Die Sicherheit dieser Organisationen könne nicht mehr gewährleistet werden. Im Hintergrund stand der öffentlich vorgebrachte Verdacht der Hilfsorganisationen, die äthiopische Regierung mißbrauche Rot-Kreuz-Vorräte für ihre Zwecke. Der Abbruch der Beziehungen zum Internationalen Roten Kreuz folgte, als sich das IKRK weigerte, alle Transportkapazitäten des Roten Kreuzes und die Lagerbestände der Regierung zu übergeben.

Den gleichen Terror können wir auch 1990 beobachten: Im Januar meldete die ERA systematische Bombardierungen der Straßenverbindungen in Eritrea.

Bereits im Sommer 1989 warnte die ERA erneut vor einer drohenden schweren Hungersnot in Eritrea. Nach dem Ausbleiben der Regenzeiten und den heftigen Bombardierungen wurden enorme Ernteausfälle erwartet. Im Herbst bestätigten sich die alarmierenden Meldungen. Allein in Eritrea betrug der Ernteausfall 80 Prozent der Vorjahresernte. Betroffen davon sind in Eritrea 1,9 Millionen Menschen, 1,5 Millionen davon leben in den Gebieten der EPLF bzw. sind nur über die ERA zu erreichen. Trotzdem liefert der Westen die Nahrungsmittelhilfe vornehmlich an die äthiopische Zentralregierung, obwohl weltweit bekannt ist, daß

- die äthiopische Zentralregierung die Hungernden nicht versorgen kann, weil sie zu den hauptsächlich betroffenen Gebieten gar keinen Zugang mehr hat,
- die Transportkapazitäten der staatlichen äthiopischen Hilfsorganisation RRC für Militärzwecke beschlagnahmt wurden,
- knapp 90 000 Tonnen Nahrungsmittel im äthiopisch besetzten Hafen Assab verrotten, weil sie nicht abtransportiert werden,
- Lagerhallen in Äthiopien geräumt wurden, um Unterkünfte für neue Rekruten zu haben.

Daß das äthiopische Militär mittels Nahrungsmittelspenden ernährt wird, ist lange schon kein Geheimnis mehr. Für jeden normal denkenden Menschen stellt sich daher die Frage, wie weit eigentlich diplomatische Rücksichtnahme auf ein Regime angebracht ist, das dermaßen skrupellos die Spender in der ganzen Welt betrügt und die Nahrungsmittelspenden zur Kriegführung mißbraucht. Hier wird mit Steuergeldern finanzierte Nahrungsmittelhilfe für die hungernde Bevölkerung dazu verwendet, das marode äthiopische System wieder für den Westen zu gewinnen.

Behindern die Befreiungskämpfer humanitäre Hilfe?

Dieser Vorwurf wird immer wieder laut, zuletzt im Januar 1990. Weil aufgrund der militärischen Situation die äthiopische Zentralregierung keinen Zugang zu den Hungergebieten hat, werden die Befreiungskämpfer der »Behinderung

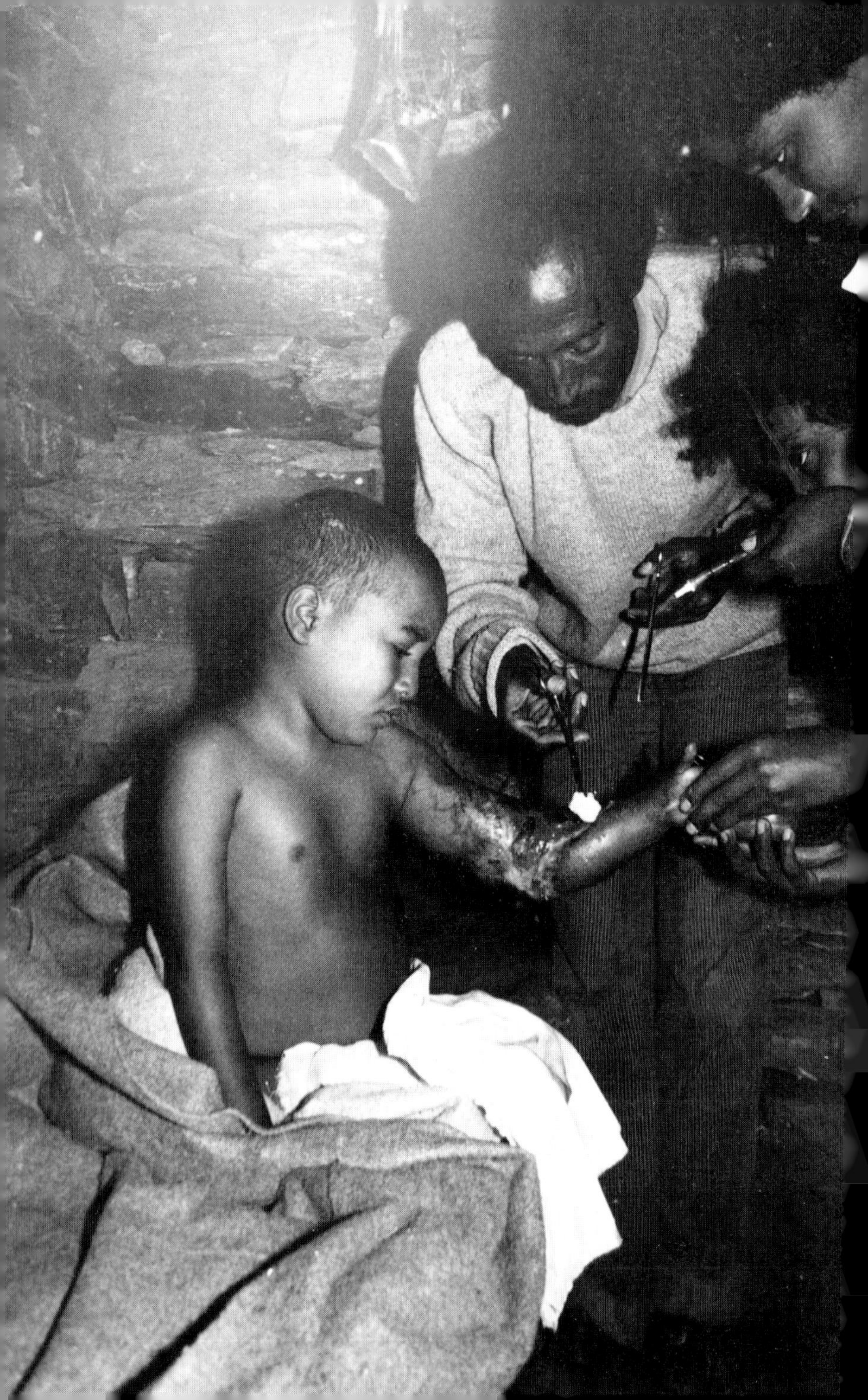

humanitärer Hilfe« beschuldigt. Wie absurd solche Argumente sind, zeigt die Situation im Januar 1990:

In Erwartung westlicher Hilfe in Milliardenhöhe erklärte das äthiopische Regime noch im Dezember 1989 die Bereitschaft, über einen Korridor den westlichen Hilfsorganisationen freien Zugang zu den Hungergebieten zu gewährleisten. Bereits im November 1989 hat die EPLF ein solches Abkommen mit dem Kriegsgegner vorgeschlagen. Ein solcher Korridor würde den Weg der Hilfe für die Hungernden wesentlich verkürzen.

Massawa

Nach der Eroberung Massawas durch die EPLF lehnt das äthiopische Regime bis heute jede Regelung zu einer Versorgung der Hungernden über den Hafen Massawa ab, obwohl die EPLF die Nutzung der Hafenanlage und die freie Passage der Hilfsgüter garantiert.

Bei den Bombenangriffen auf Massawa verbrannte ein Teil der in Massawa gelagerten Hilfsgüter, und nach der Eroberung der Stadt zeigten sich für den Besucher verheerende Bilder: Die Schützengräben der äthiopischen Armee waren mit Weizensäcken bewehrt, der Himmel durch die brennenden

Napalmopfer

Lagerhallen verdunkelt. Die Stadt wurde zum täglichen Angriffsziel der äthiopischen Flugzeuge. Napalm und Splitterbomben forderten allein in den ersten Aprilwochen 130 Todesopfer und über 350 Verletzte. Und das, obwohl sich die Frontlinie 60 Kilometer von der Stadt entfernt befindet und in Massawa selbst keine militärische Einrichtung der EPLF ist.

Ohne einen Korridor über Massawa ist die ERA gezwungen, die Hilfslieferungen über das mehr als 1 000 Kilometer entfernte Port Sudan heranzuschaffen, was erheblich mehr Zeit und Geld kostet.

Der Hunger scheint in das politische Kalkül des äthiopischen Regimes zu passen. Mit der Verzögerung und Behinderung von Hilfsmaßnahmen will Mengistu den Befreiungsorganisationen die Basis in der Zivilbevölkerung nehmen. Daß dabei Hunderttausende dem Überlebenskampf des abgewirtschafteten Diktators geopfert werden — dafür trägt auch die Weltöffentlichkeit einen Teil der Verantwortung. Nur massiver politischer Druck von außen kann Mengistu zum Einlenken zwingen.

Hilfe ist möglich: über die ERA

Zu den Hungernden in Eritrea hat in der gegenwärtigen Situation nur die ERA Zugang. Zahlreiche Nichtregierungsorganisationen arbeiten mit der ERA zusammen und haben die Zuverlässigkeit dieser Organisation kennengelernt. Aber der Umfang der Hilfe, den diese Organisationen leisten können, ist begrenzt. Trotz einer deutlichen Verbesserung der Unterstützung für die ERA beträgt die geleistete Unterstützung bis heute gerade 35 Prozent des Bedarfs. Bis jetzt, Juni 1990, konnte damit noch ein Abwandern der Bevölkerung verhindert werden.

Aber wenn sich die Unterstützung der ERA nicht deutlich verbessert, kann die drohende Hungerkatastrophe die von 1984 bei weitem in den Schatten stellen. Damals starben weit über eine halbe Million Menschen.

Der Kampf gegen den Hunger: die Arbeit der ERA

»Als wir 1975 begonnen haben, war der Schwerpunkt unserer Arbeit die Nothilfe für die Opfer des Krieges ... Aber mit der Zeit haben wir gesehen, daß wir nicht nur Nothilfe leisten sollten. Wir wollen nicht die ganze Zeit von Nothilfe abhängig sein. Deshalb haben wir beschlossen, uns Entwicklungsprojekten zuzuwenden. Das hilft den Menschen, sich selbst zu helfen. Heute sind wir natürlich aufgrund der Dürre und des Hungers in der Not- und Soforthilfe tätig, aber der Schwerpunkt unserer Arbeit hat sich auf die Unterstützung des Gesundheitswesens, des Bildungswesens und der landwirtschaftlichen Entwicklung verlagert.« (ERA-Vorsitzender Paulos Tesfagiorgis, 1988)

Nahrungsmittelverteilung in Massawa

Die ERA ist heute die einzige humanitäre Organisation, die in den ländlichen Gebieten Eritreas tätig ist. Alle Mitarbeiter sind Freiwillige, die keinen Lohn beziehen. Wohnung, Kleidung und Essen jedoch werden von der ERA gestellt. Die Deckung der Unkosten für den Verwaltungsaufwand und die Versorgung der Mitarbeiter liegt bei 1,6 Prozent vom gesamten Spendeneingang.

Hauptsitz der Organisation ist in Khartoum/Sudan. Denn der ganze Nachschub an Hilfsgütern aus dem Ausland führt über den Sudan nach Eritrea. Das internationale Koordinierungsbüro der ERA hat seinen Sitz in Köln, und in den befreiten Gebieten Eritreas ist das Büro der ERA in Himbol zuständig.

Die Führung der ERA (zwölf Personen) wird alle zwei Jahre auf der Hauptversammlung der Organisation in Eritrea gewählt.

Nahrungsmittelhilfe wird wegen dem Krieg und der Dürre wohl noch längere Zeit ein Schwerpunkt der ERA-Arbeit bleiben. Nicht erst seit der letzten Dürreperiode 1983—1985 ist das ganze Land von einem dichten Netz von Verteilungsstellen überzogen, so daß die ERA in der Lage ist, die Hilfe schnell und unbürokratisch zu den Menschen zu bringen. Diese dezentrale Versorgung verhindert nicht nur die Bildung großer Hungerlager, sondern ebenso die negativen Folgen einer Fluchtbewegung vom Land. Mit Hilfe einer Versorgung vor Ort kann das Land weiter bestellt werden, die landwirtschaftliche Arbeit wird nicht unterbrochen.

Die Hilfsgüter werden zum Teil im Sudan und in fruchtbaren Gegenden Eritreas eingekauft, was wiederum die Infrastruktur des Landes stärkt und verhindert, daß die Getreidepreise der lokalen Bauern durch kostenlose Nahrungsmittel aus dem Ausland ruiniert werden. So bleibt der Anreiz für ein Weiterführen der Produktion bestehen.

Diese Arbeitsweise ist jedoch nur möglich, wenn die ERA rechtzeitig genügend Nahrungsmittelspenden erhält. Denn der Transport der Nahrungsmittel aus dem Sudan in die zahlreichen lokalen Verteilungsstellen kostet sehr viel Zeit. 288 LKW stehen der ERA derzeit zur Verfügung, für die Verteilung in den unwegsamen Gegenden Kamele und Lastesel. Die Transporte können aufgrund der Kriegssituation nur nachts stattfinden, was ebenfalls zeitraubend ist.

Hilfe zur Selbsthilfe

Beim Wiederaufbau des Landes stützt sich die ERA auf die vorhandenen Strukturen in Eritrea. Dabei gibt es eine enge Zusammenarbeit mit den zivilen »Ministerien« der EPLF und den darin tätigen eritreischen Experten.

Die Experten dieses Aufbauprogramms sind Eritreer, die im Ausland studiert haben und jetzt ihre Kenntnisse in den

Pflügender Bauer

Dienst der eritreischen Revolution stellen oder die ihre Spezialkenntnisse durch eine Ausbildung in den befreiten Gebieten erworben haben. Sie alle arbeiten unentgeltlich. Diese Experten sind keine »Macher«. Die Hauptseite ihrer Tätigkeit besteht darin, anderen ihr Wissen weiterzuvermitteln und gemeinsam nach Lösungen zu suchen. So ist der Bau einer Bewässerungsanlage oder eines Staudamms nicht allein Reißbrettarbeit, sondern wird gemeinsam mit der Dorfverwaltung geplant und ausgeführt. Das Ziel dieses Aufbauprogramms ist die Entwicklung der Fähigkeit der Menschen, sich mit eigenen Kräften selbst helfen zu können. Neben den Schulen und dem Gesundheitswesen unterstützt die ERA beispielsweise auf dem landwirtschaftlichen Sektor Programme zur Erosionsbekämpfung, Wiederaufforstung und Terassierung. Sie stellt Ackergeräte, Saatgut und Ochsen zur Verfügung, sie fördert den Brunnenbau, den tierärztlichen Dienst und vor allem die Weiterbildung der Bauern in den Bauernschulen.

Bei dieser Arbeit kann sich die ERA nicht auf Regierungsmillionen stützen. Neben kirchlichen sind private Hilfsorganisationen und die Eritrea Unterstützungsgruppen (wie zum Beispiel das Eritrea Hilfswerk in Deutschland) die Hauptunterstützer der ERA.

Mit der Arbeit der ERA ist das Schlagwort von der »Hilfe zur Selbsthilfe« in Eritrea schon lange Wirklichkeit geworden. Viele Besucher der befreiten Gebiete bezeichnen die Aufbauleistungen in Eritrea als die »erstaunlichste Revolution« in Afrika.

Im Flüchtlingslager Fil-fil

»Unsere Hoffnung wurde zum Alptraum«

Abrahet Tedla, aus der Region Seminawi Bahiri, nordöstlich Asmaras: »Mitte Mai (1988) mußten wir unseren Hof ver-

Abrahet Tedla

Flüchtlinge

lassen. Die äthiopische Armee hat unsere Häuser niedergebrannt und die Felder zerstört.« Abrahet hat sich den Schlüssel ihres alten Hauses um den Hals gehängt. Die 47jährige Frau spielt gedankenverloren damit, während sie erzählt. Das Erlebte verfolgt sie noch immer. »Dabei haben wir dieses Jahr voller Hoffnung einer guten Ernte entgegengeschaut. Aber diese Hoffnung wurde zum Alptraum. 24 Stunden lang haben sie ohne Pause bombardiert und geschossen. Mit meiner Familie bin ich in eine nahegelegene Höhle geflohen. Dort haben wir uns versteckt. Ein bißchen Essen und die Kleider am Leib ist alles, was wir mitnehmen konnten.«

Den Weg nach Fil-fil, in eines der Flüchtlingslager im sicheren bergigen Hinterland Eritreas, hat die Familie zu Fuß zurückgelegt. Zwei Wochen lang sind sie mit ihren drei Kindern marschiert, um das von der EPLF eingerichtete Lager zu erreichen.

Wenigstens vor den unmittelbaren Übergriffen der äthiopischen Armee sind sie hier sicher, wenn auch die ständig präsente Luftwaffe mit ihren MIG-Kampfflugzeugen den Luftraum kontrolliert. 1 780 Personen aus 356 Haushalten sind seit Mitte Mai aus Seminawi Bahiri, einer fruchtbaren

Gegend nordöstlich der eritreischen Hauptstadt Asmara, im Lager Fil-fil angekommen.

Das ist nur ein kleiner Teil eines Flüchtlingsstroms seit der Eskalation des Krieges. Mehr als 200 000 Menschen sind auf der Flucht. Mit der offiziellen Verhängung des Kriegsrechtes über Eritrea am 14. Mai 1988 hat das äthiopische Regime jegliches Menschenrecht in Eritrea offiziell außer Kraft gesetzt. Der Küstenstreifen entlang des Roten Meeres und das Grenzland zum Sudan wurden zu freien Feuerzonen erklärt. Jedes Mitglied der Sicherheitskräfte ist berechtigt, Beschlagnahmungen und Verhaftungen auch ohne Begründung vorzunehmen. Allein der Verdacht der Zusammenarbeit mit der Befreiungsbewegung genügt.

Terror gegen die Zivilbevölkerung

Nach Berichten der Flüchtlinge wurden in den Dörfern Quazien und Aziem nordöstlich Asmaras 44 unbewaffnete Zivilisten bei einer Strafexpedition der äthiopischen Armee

öffentlich hingerichtet. In Shebah 28 alte Männer. Zahllose Zivilisten sind ohne Gerichtsverfahren eingesperrt, darunter auch zwei Rechtsanwälte in Asmara. Sie sitzen im berüchtigten Sembel-Gefängnis in Asmara. Folter und Mord an politischen Gefangenen sind an der Tagesordnung.

Eine 28jährige Frau berichtet über die Folterpraxis: »Nach meiner Verhaftung (wegen Verdacht der Zusammenarbeit mit der EPLF, d. V.) wurde ich in den ersten Tagen etwa vier Stunden täglich verhört. Sie sagten, wenn ich ihnen die Wahrheit sagen würde, würde ich nicht nur freigelassen, sondern auch noch andere Vergünstigungen erhalten. Als sie mit Bestechungsversuchen nicht erreichten, was sie wollten, begannen sie mich zu foltern. Die gängigsten Arten der Folter: Eintauchen in ein Wasserbecken mit gefesselten Armen und Beinen, Aufhängen an einem Pfahl mit einem um die Handgelenke gebundenen Strick und Schläge am ganzen Körper, speziell den Fußsohlen, Elektroschocks in die Achselhöhlen. Dann zwingen sie dich, mit den wunden Füßen über ein mit Erde gefülltes Becken zu gehen, in das scharfe, angespitzte Steine einzementiert sind. Anschließend das Verbrennen der Genitalien mit heißen Eisen. Sie sagen, sie tun das, damit die Banditen sich nicht fortpflanzen. 17 Monate lang habe ich diese Tortur mitgemacht. Dann haben sie mich freigelassen. Sie haben nichts von mir erfahren.«

Den insgesamt 8 718 Flüchtlingen in Fil-fil sind solche Berichte vertraut. »Wir kennen die Natur der äthiopischen Militärs«, erzählt Idriss, 48 Jahre, der mit seiner Familie nur knapp dem Massaker in She-Eb entging. Über 400 Zivilisten wurden dort »hingerichtet« — von Panzern überfahren, mit Maschinengewehren niedergemacht.

In Sicherheit

Die Versorgung des Flüchtlingslagers Fil-fil hat die ERA übernommen. Während die Flüchtlinge aus dem Hochland

Osmán Idriss

Eritreas mit dem Klima in den Bergen vertraut sind, sich Häuser gebaut und kleine Gemüsegärten angelegt haben, haben Idriss und die anderen aus dem Tiefland stammenden Familien Schwierigkeiten mit dem ungewohnten Klima.

Osmán, der Verantwortliche der ERA für das Lager Fil-fil, ist sich der Probleme bewußt: »Was wir am dringendsten brauchen, sind Zelte und Decken und vor allem kindgerechte Nahrung: Vitamine, Proteine, Milchpulver und Zucker.«

Resignation und Lethargie sind uns in dem Lager nicht begegnet. Langsam kommen die Bewohner mit der neuen Situation zurecht. Sie haben eine Lagerverwaltung gewählt, eine Schule eröffnet, organisieren ihr tägliches Leben selbst. Die Volksfront sorgt für kostenlose medizinische Betreuung. Aber eine neue Heimat wird Fil-fil nicht werden, dessen sind sie sich sicher. Hierbleiben will keiner. Ihre größte Hoffnung setzen sie in ein baldiges Ende des Krieges, der sie nunmehr schon seit 28 Jahren an einem normalen Leben hindert. Wann diese Hoffnung Realität wird, bleibt offen. Nachdem die ERA im September und Oktober 1988 Saatgut, Ochsen und Ackergeräte an die Bauern aus der Gegend um She-Eb verteilt hat, sind ein paar wieder zurückgegangen. Idriss hat noch keinen Entschluß gefaßt: »Einige von uns Männern sind zurückgegangen, um die Felder zu bestellen. Die Familien haben sie noch hiergelassen. Die Äthiopier sind nicht mehr in She-Eb. Aber wer weiß, ob sie wiederkommen? Wir haben Angst.«

In ihrem Verhalten und in ihrer Besatzungspolitik unterscheiden sich die äthiopischen Militärs in nichts von den Rassisten in Südafrika und anderen diktatorischen Regimes. Die brutale Unterdrückung der wehrlosen Zivilbevölkerung ist Alltag im besetzten Eritrea. Die Folgen sind:

- die Entwurzelung der Bevölkerung,
- Massenflucht,
- Zusammenbruch traditioneller Strukturen,

Opfer äthiopischer Luftangriffe

— Zerstörung der Infrastruktur und des natürlichen Lebensraums. Heute gibt es in Eritrea keine Stadt, kein Dorf und keine Familie mehr, die nicht von dieser Politik betroffen sind.

Aber selbst mit dem größten Einsatz militärischer Mittel und brutalster Methoden konnte das äthiopische Regime nicht verhindern, daß der eritreische Befreiungskampf weiter an Breite und Unterstützung im Volk gewonnen hat. Zerstörung und Unterdrückung ist nur die eine Seite der Medaille, die Stärkung des Widerstandswillens die andere. Mit jeder Gewalttat der äthiopischen Besatzer wächst im eritreischen Volk die Bereitschaft, den Kampf gegen die Unterdrücker fortzuführen.

Die UNO, die OAU, die Regierungen der Welt haben um Eritrea eine »Mauer des Schweigens« errichtet. Daß die Völkermordpolitik des äthiopischen Regimes nicht am internationalen Pranger steht, ist auch eine Schande für die Dritte-Welt-Solidaritätsbewegung ebenso wie für jeden sich demokratisch nennenden Staat dieser Welt.

Diese »Mauer des Schweigens« ist geradezu eine Ermunterung für Addis Abeba, fortzufahren in der Bombardierung von Städten, Dörfern, Schulen, Krankenhäusern. Auch die Menschen in Eritrea wissen dies: »Wir wußten, daß sie mit ihren Panzern unsere Getreidefelder zerstören können, aber daß sie menschliches Leben mit rollenden Panzern zermalmen wie in She-Eb! Wenn sie solche brutalen Akte begehen können, dann nur, weil die anderen Nationen schweigen«, meint Mama Zeinab, eine alte Nomadenfrau im Lager Fil-fil.

Bei den Kämpfern der EPLF

Noch in der Morgendämmerung brechen wir zu einem Besuch an der Frontlinie auf. Der Fußmarsch führt uns über die rückwärtigen Stellungen der EPLA bis in die Schützengräben der Nakfa-Front. Die Berghänge sind von Granateinschlägen umgepflügt. Bombentrichter und herumliegende Munitionsteile vermitteln einen ersten Eindruck von der Heftigkeit der Auseinandersetzungen. Die Unterstände und Schützengräben der EPLA und der äthiopischen Armee sind an manchen Stellen nicht mehr als 50 Meter auseinander. Mehr kriechend als gehend bewegen wir uns im Schützengraben vorwärts. Ein vorsichtiger Blick über den Grabenrand: Im Niemandsland stehen ausgebrannte Panzer, liegen noch die Gefallenen der letzten Angriffswelle. Ein penetranter Verwesungsgeruch erfüllt die Luft. Etwas sicherer fühlen wir uns in einem der zahlreichen Bunker. Dort haben sich heute die Kämpferinnen und Kämpfer zu einem Fest zusammengefunden. Für uns Besucher ist das eine völlig absurde Situation: dort die ständige Bedrohung durch den Feind, hier im Bunker ausgelassene, beinahe fröhliche Stimmung bei Musik, Theater, Tanz und selbstgebrautem Bier. Manche der Kämpfer liegen seit acht Jahren im Graben.

Es ist der Kriegsalltag, der die Kämpfer mit dieser Situation anders leben läßt als uns Besucher. Wir haben niemand getroffen, dem der Krieg Spaß gemacht hätte, aber auch niemand, der einen bedingungslosen Frieden akzeptieren würde. »Wir kämpfen für das einfachste Recht unseres Volkes — für ein Leben in Freiheit und Menschenwürde. Für unser Recht auf Selbstbestimmung.« Nahezu 100 Jahre Fremdherrschaft und 29 Jahre Freiheitskampf haben ein Bewußtsein geschaffen, das für uns nur schwer begreifbar ist: Stolz, Freiheitsliebe, Friedenssehnsucht und Kampfeswille.

Wie denken diese Menschen über den Krieg, die Zukunft?

»Natürlich wünschen wir eine friedliche Lösung. Es ist das Blut unseres Volkes, das täglich vergossen wird. Unsere Kräfte könnten wir im Frieden für die Lösung der zahlreichen Probleme, die wir haben, besser einsetzen.« »Nicht wir wollen eine militärische Lösung. Der Derg sieht nur eine Lösungsmöglichkeit: die militärische. Er sagt das ganz offen. Der Derg will den Kampf. Wir gehen nicht in die Knie. Wir schlagen die Äthiopier dort, wo wir wollen und wann wir wollen. Der Krieg wird so lange weitergehen, bis unser Volk frei ist.«

Den geschätzten 50 000 bis 70 000 Kämpfern der EPLF steht die stärkste Armee Schwarzafrikas gegenüber. 330 000

An der Front

Militärische Ausbildung

EPLF-Kämpfer

Gemälde im Bunker

EPLA-Kämpfer mit erbeutetem Kriegsgerät

äthiopische Soldaten, ausgerüstet mit modernstem Gerät. Woher nehmen die Kämpfer der EPLA die Siegeszuversicht?

Ein junger Kämpfer antwortet uns: »Wir kämpfen für unser Land und für unsere Revolution. Die äthiopischen Soldaten müssen für eine fremde Sache kämpfen. Sie sind uns zahlenmäßig und von der Ausrüstung her überlegen. Aber sie haben keine Kampfmoral. Sie können nicht siegen, weil sie nicht wissen, wofür sie kämpfen.«

Mit Einbruch der Dämmerung drängt unser Begleiter zum Aufbruch. Eilig machen wir uns auf den Rückmarsch. Gesprochen wird nur wenig. Zurück in Nakfa, wird der Grund zur Eile klar: Mit Einbruch der Nacht donnern die Geschütze der Äthiopier und der EPLA los. Leuchtspurgeschosse ziehen ihre roten Linien in den dunklen Himmel. Zwei Stunden dauert das Gefecht. »Das ist jeden Abend so«, bemerkt unser Begleiter trocken. »Kein Grund zur Beunruhigung.«

Äthiopische Kriegsgefangene in Eritrea

»Sie haben uns einfach mitgenommen . . .«

Abbu Gebremichael ist 15 Jahre alt. Einer der vielen jugendlichen äthiopischen Kriegsgefangenen, die in den letzten Monaten gefangengenommen wurden. Sein Bericht bestätigt Meldungen über verstärkte Zwangsrekrutierungen in Äthiopien.

»Ich habe mit Freunden Fußball gespielt, als wir von der Miliz umstellt wurden. Sie haben uns einfach mitgenommen und in verschiedene Ausbildungslager gebracht. Meine Familie hat keine Informationen, was mit mir geschehen ist. Das war im Februar (1988). Ich war Schüler der Mittelschule in Arussi (Süd-Äthiopien, d. V.). Die Militärausbildung dauerte zwei Monate. Über Asmara kamen wir an die Front in der Nähe von Keren. Vier Tage war ich dort, als der Kampf begann. Als die ganze Armee geflüchtet ist, wußte ich nicht, wohin. Dann bin ich gefangengenommen worden.«

Über den Krieg in Eritrea hat er nicht viel gewußt. Woher auch? Bislang hat das äthiopische Regime stets nur vom Kampf gegen eine Handvoll Banditen gesprochen, die im Auftrag der Araber Eritrea abspalten wollen. »Bei der Armee hat man uns erzählt: Wenn die dich gefangennehmen, wirst du gefoltert und getötet.«

Die Angst nach der Gefangennahme ist der Erleichterung gewichen. Abbu wurde weder getötet noch gefoltert. Die Behandlung ist fair, versichert er uns. Von seinen Fußballfreunden hat er einen hier im Lager wiedergetroffen. Die anderen? Schulterzucken. Vielleicht tot, vielleicht in einem anderen Lager. Irgendwo, er weiß es nicht.

»Ich habe Heimweh. Ich will nach Hause zu meiner Mutter«, bricht es aus dem Jungen heraus, als wir ihn nach seiner Zukunft fragen. Wir können ihm nicht helfen. Mit gesenktem Kopf und hängenden Schultern geht er in seine Unterkunft zurück. Chuchu, unsere eritreische Begleiterin, kommentiert:

»Das sind Kinder. Sie schicken Kinder in den Krieg!«

In diesem langgestreckten Tal nahe der sudanesischen Grenze leben 2 500 äthiopische Kriegsgefangene im Alter von 14 bis 54 Jahren. 180 davon sind Offiziere. Die meisten von ihnen gerieten im Frühjahr 1988 in die Gefangenschaft der EPLF.

Im einsetzenden Regen bietet sich uns ein gespenstisches Bild: Eine Kolonne von Gefangenen, in Plastikplanen eingehüllt, marschiert in ihre Unterkunft — einem nicht überdachten Quadrat aus aufgeschichteten Steinen, an dessen Ecken kleine Wachtürme stehen.

Abbu Gebremichael, 15 Jahre

Übernachtet wird im Freien. Jeder Gefangene besitzt eine Decke und eine Plastikplane. Die Bewachung ist relativ locker, nur wenige Posten sind zu sehen. Wohin sollen die Leute auch fliehen? Die Wüste ringsum bietet keine Chance zu überleben. Im Lager ist die Versorgung mit Nahrung und medizinischer Betreuung gewährleistet. Den Tagesablauf bestimmen Schule und politischer Unterricht. Dort wird über den Krieg diskutiert, über die Geschichte, das äthiopische Regime und die Sache der Eritreer. Die Gefangenen haben eine eigene Kulturgruppe und mehrere Fußballmannschaften.

Ansonsten heißt es hoffen und warten, auf ein Ende des Krieges, auf die Freilassung. Die Kriegsgefangenen wissen, daß die EPLF schon Tausende von ihnen freigelassen hat. Was sie von ihrer Zukunft erwarten, fragen wir. »Wenn die EPLF mich gehen läßt, werde ich ins Ausland gehen. Nach Hause kann ich nicht. Für die bin ich ein Verräter.« Leutnant Molugta Haile Gossam weiß, wovon er spricht. Schließlich hat er als äthiopischer Politkommissar im Stab von Afabet gedient. Von der eigenen Regierung verleugnet und im Stich gelassen fühlen sich vor allem die Offiziere. Manch einer von ihnen hat früher mit Stolz seinem Land gedient.

»Sie kämpfen für eine fremde Sache«

Die Offiziere des Lagers bestätigen die Erzählungen der einfachen Soldaten: Teilweise wurden sie mit vorgehaltenen Waffen gezwungen, die Stellungen der EPLA anzugreifen.

Im Verlauf des Krieges gerieten bislang mehr als 18 000 äthiopische Soldaten in die Kriegsgefangenschaft der EPLF. Die äthiopische Regierung erkennt diese Menschen nicht als Kriegsgefangene an, sondern bezeichnet sie als Deserteure. Diese Haltung ist die logische Fortsetzung der Politik der äthiopischen Regierung, die den Krieg in Eritrea – wenn sie ihn überhaupt öffentlich erwähnt – als ein »inneres Problem Äthiopiens« behandelt wissen will.

Folgt man der Logik des äthiopischen Regimes, dann sind diese Menschen Deserteure eines Krieges, den es überhaupt nicht gibt.

Auch das Internationale Komitee des Roten Kreuzes (IKRK) folgt dieser irrigen Ansicht. Obwohl die EPLF mehrere Male versuchte, das IKRK in die Verantwortung für die Versorgung und Betreuung der Kriegsgefangenen zu nehmen, stieß sie auf taube Ohren. So bleibt der EPLF gar nichts anderes übrig, als die Versorgung der Gefangenen selbst zu übernehmen. Das ist keine Selbstverständlichkeit, wenn man bedenkt, daß die EPLF nur mit Mühe ihre eigene Bevölkerung ernähren kann. Erst im Frühjahr 1988, als in Afabet

Äthiopische Kriegsgefangene

drei sowjetische Offiziere in die Gefangenschaft der EPLF gerieten, wollte das IKRK vermittelnd eingreifen.

»Wenn wir über Kriegsgefangene reden, dann nicht über drei, sondern über 18 003.« So sieht Girmay vom »Auswärtigen Amt« der EPLF diese Angelegenheit. »Wir halten uns an die Genfer Konvention. Das IKRK soll sich um alle Gefangenen kümmern, nicht nur um die drei Sowjetoffiziere. Die meisten äthiopischen Soldaten sind zwangsrekrutierte Bauern. Wir würden sie liebend gern dem IKRK übergeben. Schließlich belastet uns die Versorgung dieser Leute auch materiell und finanziell.«

Anfang 1990 hat die EPLF mit der Freilassung von 10 000 äthiopischen Kriegsgefangenen begonnen. Da das Militärregime die Kontrolle über weite Teile Äthiopiens verloren hat, ist eine Rückkehr dieser Menschen in ihre Heimatdörfer möglich geworden.

Ein neues Leben wird aufgebaut

Fabriken im Untergrund

Es ist tiefste Nacht, als wir im Schein von Taschenlampen durch ein Flußtal zu der Schuhfabrik der EPLF gelangen. Hier also werden jene schwarzen Plastiksandaletten gefertigt, die jeder in den befreiten Gebieten der EPLF trägt.

Stolz zeigt uns der Leiter der Schuhproduktion die Fabrik, die jederzeit in wenigen Stunden auf LKW verladen und abtransportiert werden kann. In einer Stunde werden hier 100 Paar Schuhe gefertigt. Das aus Italien gekaufte Rohmaterial wird im Verhältnis 80 zu 20 mit Altmaterial gemischt. Für die Rückgewinnung des Altmaterials haben die Arbeiter der Fabrik eine Wasch- und Häckselanlage selbst entwickelt und gebaut. Nicht nur hier an dieser Stelle sind wir auf ein sehr ausgeprägtes System von Recycling gestoßen. Durch die Sammlung der alten Schuhe und deren Wiederverwendung wird auch ein Stück Umweltschutz praktiziert.

Die Arbeiter der Fabrik produzieren nach Bedarf, in zwei Schichten zu acht Stunden täglich. Jeder Arbeiter wird nach zwei Stunden Maschinenarbeit abgelöst. Gearbeitet wird in einem rollierenden System.

In allen Fabriken konnten wir eine Beobachtung machen, die in den Fabriken der BRD zur absoluten Seltenheit gehört: Die Arbeiter werden systematisch fachlich weitergebildet. Maschinenarbeiter lernen die Wartung und Instandhaltung der Maschine, an der sie arbeiten, lernen ihre Funktionsweise kennen und werden in die Lage versetzt, kleine Defekte selbst zu beheben. Ein Schritt dazu, die Eintönigkeit der Arbeit zu besiegen.

Die Fabriken im Untergrund sind wesentlicher Bestandteil der Infrastruktur in den befreiten Gebieten Eritreas. Selbsthilfe und Vertrauen auf die eigene Kraft haben die Abhängigkeit der EPLF von Importen wichtiger Güter von außen auf ein Minimum reduziert.

Schuhfabrik im Untergrund

Radioreparaturwerkstatt

Generatorenreparatur

Druckerei

Geisterstadt Nakfa

Im Schutz der Nacht erreichen wir Nakfa. Bei einem Rundgang am nächsten Morgen wird uns das ganze Ausmaß der Zerstörung bewußt. Die Hauptstadt der Provinz Sahel im Norden Eritreas ist völlig zerstört. Ausgebombt. Nur noch das Minarett der Moschee überragt trotz einiger Granattreffer die Trümmer der einst 7 000 Einwohner zählenden Stadt.

Aber in Kellern und Untergrundhäusern geht das Leben weiter: In der Bauernschule am Rande der Stadt lernen Bauern neue Anbaumethoden, Terrassierung, Bewässerung, Anbau neuer Gemüsesorten kennen. Die Landwirtschaftsabteilung hat hier einen Versuchs- und Lehrgarten eingerichtet: Kohlköpfe, Pfefferstauden, Mohrrüben und Papayabäume zwischen Bombentrichtern und napalmverbrannter Erde. Gebrehiwet, unser eritreischer Begleiter, lacht bitter: »Bomben und Napalm auf unsere Felder, das ist hier sowjetische Entwicklungshilfe.«

Wir stehen vor zwei tiefen Bombenkratern. Diesmal haben die Piloten der äthiopischen Luftwaffe einen »Volltreffer« gelandet. Zwei 600-Kilo-Bomben haben ein Gemüsefeld und die Bewässerungsanlage zerstört. Schwarz verkohlte, kaugummiartige Masse, das Napalm, bedeckt die Erde.

Daneben, nur wenige Meter entfernt, wird ein neues Feld angelegt. Zwei Ochsen ziehen den Pflug.

»Was sie heute zerstören, bauen wir morgen wieder auf.«

Im Schatten einiger Bäume machen wir Pause. In der Nähe haben sich einige Kämpfer ebenso niedergelassen. Die Kalaschnikow ist beiseite gelegt. Während einer auf der Krar, dem traditionellen, gitarreähnlichen eritreischen Instrument, spielt, schreibt ein anderer in sein Notizbuch. Ein merkwürdiges Bild: Hier ein lernender Kämpfer, aufblühende Felder — dort die Ruinen der zerbombten Stadt. Nakfa ist

Näherei

Nakfa

zerstört — aber Nakfa lebt, den Bedingungen des Krieges angepaßt.

In den Abendstunden, wenn Wolken aufziehen und die äthiopischen Flugzeuge weg sind, kommt Leben in die Stadt. Wie überall im befreiten Eritrea rattern Dieselgeneratoren los, beginnt die Arbeit in den Fabriken und Werkstätten, in den Labors und Operationssälen der Krankenhäuser. Die Transportlastwagen der ERA rollen los. Die Nomaden machen sich auf den Weg.

Hier in den befreiten Gebieten lernen wir ein anderes Eritrea kennen. Vor dem Hintergrund äthiopischer Völkermordpolitik wird ein neues Leben aufgebaut.

Moschee von Nakfa

Bombardiertes Feld

»Was sie heute zerstören, bauen wir morgen wieder auf.«

Unabhängigkeit und sozialer Fortschritt

Die EPLF hat einen tiefgehenden Prozeß demokratischer Veränderung ins Rollen gebracht, der auf dem Prinzip der »self reliance«, dem Vertrauen auf die eigene Kraft, fußt. Das befreite Eritrea ist heute schon die Keimform eines zukünftigen unabhängigen Eritrea.

Das Selbstverständnis der EPLF ist, nicht nur für die Unabhängigkeit von Äthiopien zu kämpfen, sondern gleichzeitig in einer sozialen Revolution die politischen, wirtschaftlichen und sozialen Grundlagen für das zukünftige Eritrea zu schaffen.

Die EPLF ist keine Partei. Sie ist eine Front, in der sich die politisch fortschrittlichen Kräfte des Landes zur nationalen und sozialen Befreiung zusammengeschlossen haben. Zur Verwirklichung dieses Vorhabens ist die EPLF in militärische

Von der EPLF angelegte Serpentinenstraßen

und zivile Departments unterteilt. Massenorganisationen der Bauern, Arbeiter, Frauen und der Jugend organisieren die Menschen, die nicht Mitglied der EPLF sind.

Durch die zivilen Departments, die Ministerien vergleichbar sind, versorgt die EPLF die Bevölkerung. Mehr als 3 000 Kilometer neue Straßen wurden durch das Bau-Department in die steilen Berge geschlagen. Mit Bulldozer, Pickel und Schaufel wurden Verbindungsstraßen gebaut, die heute die Lebensadern des freien Eritrea ausmachen.

Täglich sendet der Radiosender der Volksfront »Dimitsi Hafash« (Stimme des Volkes) Nachrichten und Kulturprogramme.

Versteckt unter weit ausladenden Akazienbäumen, in den Untergrund und die Berge hineingebaut, hat die EPLF in den befreiten Gebieten eine eindrucksvolle, gut funktionierende Infrastruktur aufgebaut. Eine Vielzahl kleinerer Werkstätten zur Instandhaltung und Reparatur von Autos, Lastwagen, Uhren, Radios, Stromgeneratoren usw., in denen ein ausgeklügeltes Recycling erfolgt, wird ergänzt durch Fabriken, in denen Schuhe, Monatsbinden, Medikamente bis hin zu Kindernahrung produziert werden. Für die dort Beschäftigten gelten der 8-Stunden-Tag und 25 Tage Urlaub im Jahr — was keine Selbstverständlichkeit in einem Land der Dritten Welt ist. All diese Werkstätten und Fabriken sind Teil der Bemühungen, selbstversorgend zu werden.

Ein ausgedehntes Gesundheitswesen bringt medizinische Versorgung bis zu den Wanderwegen der Nomaden.

Demokratie und Land für die Bauern

Mehr als 80 Prozent der Bevölkerung Eritreas leben auf dem Land. Aber nur 60 Prozent der Landbevölkerung verfügte in den siebziger Jahren überhaupt über eigenen Landbesitz. Die Mehrheit der armen Bauern wiederum besaß weniger als einen Hektar Land.

Das war nicht immer so, sondern ist mit ein Erbe des italienischen Kolonialismus. Bis 1926 enteigneten die italienischen Kolonialbehörden große Teile des fruchtbarsten Landes, um es den neu ankommenden Siedlern zu überlassen. Die verarmten Bauern waren so gezwungen, in die Städte zu gehen, um Arbeit zu finden, oder mußten sich bei den neuen Herren als Landarbeiter verdingen. Mit dem Ende der italienischen Kolonialzeit gingen die ehemaligen italienischen Besitzungen an einheimische Feudalherren und reiche Bauern über. Sie konnten es sich leisten, die Konzessionen zu bezahlen. Denn sie waren auch von den Enteignungen 1926 größtenteils verschont geblieben. Eine Rückgabe an die ehemaligen Eigentümer fand nicht statt. So festigten sich die feudalistischen Besitzstrukturen.

Früher dagegen war die Form des Landbesitzes in Eritrea überwiegend durch eine Art kommunalen Landbesitz geprägt. Jede Familie hatte gleiches Recht auf die Nutzung des

Landes. Alle sieben Jahre wurde auf den traditionellen Dorfversammlungen die Landnutzung nach den neuen Gegebenheiten neu festgelegt. Daneben gab es auch damals schon Privatbesitz von reichen lokalen Bauern, Feudalherren oder auch kirchlichen Würdenträgern. Aber der Besitz an Land war relativ gerecht verteilt. In den Dorfversammlungen dominierten die drei Dorfältesten und die reichen Bauern. Die Mehrheit der Bevölkerung war von den Entscheidungsprozessen ausgeschlossen.

Als 1970 die EPLF begann, aktiv zu werden, sah sie sich diesen feudalistischen Strukturen, dem Erbe des Kolonialismus, gegenüber.

Die Landreform von unten

Die Durchführung der Landreform in dem Dorf Bakla bietet ein anschauliches Beispiel für die Umsetzung der Politik der EPLF. Nach dem Studium der Situation und der Erfahrungen, die andere afrikanische Länder mit der Landreform gemacht haben, entschied sich die EPLF: Die Landreform wird nicht von oben angeordnet, sondern soll von den direkt Betroffenen selbst geregelt werden.

1978 wurde das 2 550 Einwohner zählende Bakla von der EPLF befreit. Bis zu der Wahl des ersten Dorfkomitees verstrichen zwei Jahre, in denen die EPLF mit den Einwohnern über ihre politischen Ziele diskutierte, Frauen-, Bauern-, Jugendorganisation und die Volksmiliz aufgebaut wurden. Barfußärzte übernahmen die medizinische Grundversorgung. Alphabetisierungsklassen und die Grundschule wurden eingerichtet. All diese Einrichtungen waren zunächst völlig neu und fremd für die Bevölkerung, und es dauerte einige Zeit, bis sie akzeptiert und genutzt wurden.

1980, nach zwei Jahren intensiver Diskussion und praktischer Arbeit, waren die Massenorganisationen soweit politisch und organisatorisch in der Lage, daß das erste Mal

Nomadenfamilie

Gehöft in Rora Bakla

Versammlung

Wahlen zu einem Dorfkomitee stattfinden konnten. Wahlen, die niemanden ausgrenzten: gleiches Wahlrecht für alle, ob arm oder reich, ob Mann oder Frau. Der bei diesem Wahlmodus wohl am heißesten diskutierte Punkt war, daß die Frauen gleichberechtigt mitwählen sollten — sie, die bislang keinerlei Rechte besaßen. In manchen islamisch geprägten Gegenden versuchten die Männer das mit Hilfe der Geistlichen zu verhindern. Der Koran erlaube es nicht. Aber der Aufforderung der EPLF, dies aus dem Koran zu belegen, konnten sie nicht nachkommen.

Die neue Macht im Land: Selbstverwaltung

Die Wahlen in Bakla haben die seitherigen Machtverhältnisse auf den Kopf gestellt: Statt der Feudalherren und der drei Dorfältesten sind in der neuen Dorfversammlung die Frauen, die landlosen und die armen Bauern die überwiegende Mehrheit. Diese Art der basisorientierten Selbstverwaltung ist das wichtigste Element der Politik der EPLF, um die politische Macht an das Volk zu übertragen und so heute schon die Grundlagen zu legen für ein zukünftiges freies und unabhängiges Eritrea, in dem soziale Gerechtigkeit herrscht. Dort wird die Basisarbeit der sozialen Veränderung geleistet. In aller Regel sind solche Dorfkomitees in verschiedene Unterabteilungen gegliedert wie Recht, Soziales, Kultur und anderes. Aus den Reihen der Dorfversammlung werden die Delegierten der Distrikt- bzw. Regionalversammlung gewählt. Nach einer Untersuchung im Jahre 1986 wurde bis dahin die Landreform in 30 Prozent der zirka 1 800 Dörfer durchgeführt.

Zurück nach Bakla: Weitere vier Jahre dauerte es, bis die Versammlung beschloß, die Landreform durchzuführen. Nach seiner Entmachtung hatte sich der dortige Großgrundbesitzer in den Sudan abgesetzt. Das Land wurde an die Bauern entsprechend ihrer Familiengröße verteilt. Ein Teil ging in Gemeinschaftsbesitz über. Aus dem erwirtschafteten

Terrassierung

Staudamm in Rora

Die Dorfschule von Rora

Ertrag werden seitdem Notvorräte angelegt sowie die sozialen Einrichtungen des Dorfes (Schule, Hospital) betrieben.

Natürlich verlief die Landreform nicht immer friedlich, sondern oft gegen den Widerstand der lokalen Scheichs, der reichen Bauern und der Großgrundbesitzer. Zuweilen nahmen diese Auseinandersetzungen auch militärische Formen an.

Allein schon aufgrund der heftigen politischen Diskussionen, die der Plan zu einer Landreform auslöste und in die alle Bevölkerungskreise einbezogen waren, ist die Landreform im befreiten Eritrea um ein Vielfaches »radikaler« als jede, die per Regierungserlaß von oben angeordnet wird und nicht Ergebnis eines demokratischen Diskussions- und Entscheidungsprozesses ist. Äthiopien wird gern als Beispiel einer solchen Landreform von oben angeführt. Tatsächlich wurden dort die Großgrundbesitzer enteignet, aber an ihre Stelle traten nur neue Herren, der Staat und neue Ausbeuter. Staatsfarmen und Monokulturen wurden angelegt mit dem bekannten Ergebnis: der Entfremdung der Bauern von ihrer Arbeit und einem Produktionsrückgang um 50 Prozent.

Die EPLF ermuntert die Bauern, an Kooperationen teilzunehmen und gegenseitige Hilfsgruppen zu bilden. So ist zum Beispiel der Bau des Staudammes und die Terrassierung des Landes zum Schutz vor der Bodenerosion, die Wiederaufforstung in Bakla Gegenstand der Dorfversammlung. Die anstehenden Arbeiten werden gemeinsam durchgeführt.

Der Weg zu einer modernen und effektiven Landwirtschaft

Die Landreform selbst ist aber nicht nur eine Frage der Besitzverhältnisse, die zwar politisch grundlegend, aber nicht entscheidend für eine Festigung und Steigerung der landwirtschaftlichen Produktion ist. Obwohl Eritrea im Grunde ein fruchtbares Land ist, sich nach jüngsten Studien selbst ernähren, ja sogar Lebensmittelexporteur werden könnte, erreichte die landwirtschaftliche Produktion in den vergangenen Jahren nie mehr als 20 Prozent des Eigenbedarfes.

Das liegt zum einen an der Kriegssituation, die es unmöglich macht, die landwirtschaftlich kultivierte Fläche auszuweiten bzw. intensiver zu nutzen. Zum andern aber sicher auch an den noch vorherrschenden archaischen Produktionsmethoden. Beispielsweise wäre es möglich, wie im gegenüberliegenden Jemen, das von den Bergen abfließende Wasser zur künstlichen Bewässerung der Felder im Tiefland und der Küstenregion des Roten Meeres zu nutzen.

Mit Unterstützung des Agrikultur-Departments der EPLF ist in Eritrea damit begonnen worden, die Grundlagen für eine moderne, effektive Landwirtschaftspolitik zu legen, die ökologische Ursachen und Folgen berücksichtigt. Das schwerste Problem ist die Bodenerosion. Eine Folge der kolonialen Ausbeutung des Landes ist die Abholzung der Wälder für den Holzexport ebenso wie die von den Kolonialisten angelegten Monokulturen. Teile des Hochlandes sind der Erosion durch den Wind und die heftigen Regenfälle ausgesetzt.

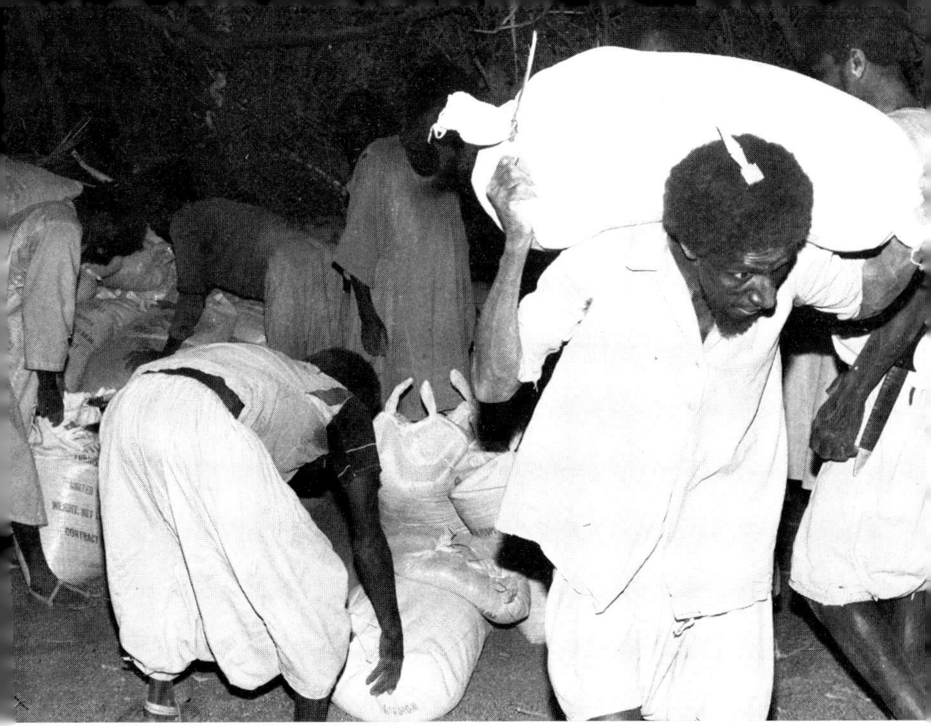
Nahrungsmittelverteilung durch die ERA

Feldarbeit in Himer

Aussaat

Wo die Bäume der Erde keinen Halt mehr geben können, wird sie weggespült. Verwüstung und Klimaveränderung sind die Folgen. Die Reparatur dieser ökologischen Schäden ist heute und für die Zukunft eine große Herausforderung. Auch in Bakla ist damit begonnen worden, die Steilhänge zu terrassieren und mit schnellwachsenden Bäumen wiederaufzuforsten. Im Tiefland Eritreas wird mit künstlicher Bewässerung der Felder durch den Saisonfluß Hirse angebaut.

Die Schule der Bauern

Die Bauernschulen nehmen eine Schlüsselfunktion auf dem Weg zu einer modernen Landwirtschaft ein. Vom Landwirtschaftsdepartment eingerichtet, lernen die Bauern dort neue und bessere Anbaumethoden, neue Gemüsesorten, künstliche Bewässerung und die Handhabung moderner Geräte ebenso kennen wie die Grundlagen der Tiermedizin. Das dort erworbene Wissen wird in den Heimatdörfern der Schüler im Schneeballsystem weitergegeben.

Ernte, Hirse dreschen

Künstlich bewässertes Hirsefeld

Das Landwirtschaftsdepartment und die ERA unterstützen trotz der bescheidenen Mittel, die zur Verfügung stehen, diesen Prozeß mit der Einrichtung von Dorfschmieden zur Herstellung von Ackergeräten, mit Wasserpumpen, Saatgut, Zugochsen, Baumsetzlingen und vor allem mit dem Wissen der Agraringenieure und Techniker, die in den Dörfern, Bauernschulen und den Landwirtschaftsprojekten gemeinsam mit der Dorfbevölkerung arbeiten.

Daß Hunger und Dürre zu besiegen sind, wenn Frieden herrscht, daran lassen die landwirtschaftlichen Projekte, die wir in Eritrea besichtigen konnten, keinen Zweifel. Mit Hilfe einfacher Staudämme und Bewässerungsanlagen, Wiederaufforstung und Terrassierung der stark erosionsgeschädigten Berghänge konnte dort zumindest punktuell die weitere Zerstörung landwirtschaftlich nutzbarer Fläche aufgehalten und eine teilweise Eigenversorgung erreicht werden.

Morgendliches Waschen

Schule in Eritrea: Demokratie braucht gebildete Menschen

Die Schule Zero

»Taliano, Taliano«, schallt es uns aus unzähligen Kinderkehlen entgegen, als wir am Flußlauf entlang in das Tal der Zero-Schule einbiegen. Jeder Weiße ist zunächst mal ein »Taliano«, die Abkürzung für Italiano, den ehemaligen Kolonialherren.

Morgens um 6.30 Uhr gehen die Kinder aus ihren Unterkünften zum Fluß. Nach dem gestrigen Regen führt dieser genug Wasser für ein ausgiebiges morgendliches Waschen.

Punkt 7.00 Uhr schlägt die Schulglocke, und die Schüler strömen in die »Klassenzimmer« — oftmals nur ein schattiges Plätzchen unter einem Baum. Den ganzen Tag sind wir mit

einer Schulklasse zusammen. Ein ungewöhnlicher Lerneifer herrscht in dieser Schule, Disziplin und Fleiß, die nicht aus Druck und Strebertum zu kommen scheinen, sondern aus dem Wissen und der Überzeugung der Kinder, daß Bildung für sie etwas Wichtiges ist.

Mittlerweile zählt die Internatsschule Zero mehr als 4 000 Schüler. Über mehrere Täler verteilt liegt die Schule im Norden des Landes. 42 Prozent der Schüler/innen sind Waisenkinder, knapp die Hälfte Mädchen. Die Schule trägt sich so weit es geht selbst. Tierhaltung und eine eigene Bäckerei zu betreiben, ist die Aufgabe der Schüler. Die Jugendlichen, die dort bis zur achten Klasse in Sprache, Naturwissenschaften, Geschichte, Politik und Sport unterrichtet werden, sollen

Samson läutet die Schulglocke

nach dem Willen der Volksfront nicht an die Kriegsfront.

Aber, so erzählt uns der Leiter der Internatsschule, Kaleab:

»Es ist oft ein Stück Überzeugungsarbeit nötig, um den Schülern klarzumachen, daß unser Volk auch dringend Mechaniker, Schreiner, Elektriker und medizinische Kräfte braucht. Der Kampf um Unabhängigkeit und Selbständigkeit auch auf diesen Gebieten gehört ebenfalls zu unserer Revolution, wie der Kampf mit der Waffe.«

Der Aufbau selbstverwalteter Strukturen, die Entwicklung moderner Produktionsweisen braucht gebildete Menschen. Während in Eritrea unter italienischer Herrschaft nur wenige Schulen überhaupt existierten und die Ausbildung nur für Jungen bis zur vierten Klasse stattfand, blieben die Mädchen ohne jede Ausbildung. Eine kleine Ausnahme bildeten nur Missionsschulen. Dort beschränkte sich die Bildung aber auf Haushaltsarbeit und Pflegearbeiten.

Diese Art Bildungssystem verfolgte das Ziel, das zur Ausbeutung des Landes erforderliche Personal für Verwaltung und Produktion in den Fabriken so auszubilden, daß sie ihrer Aufgabe gerecht wurden.

Dagegen erfordert die Befreiung des Landes aber ein an den Bedürfnissen und den politischen Realitäten ansetzendes

Erziehungssystem. Nicht die Ausbildung einer kleinen Elite, sondern die Bildung der breiten Masse steht im Vordergrund.

Der Kampf gegen das Analphabetentum und die Entwicklung eines Bildungssystems wurden so für die EPLF zu einem zentralen Anliegen. 1975 waren 90 Prozent der Bevölkerung Analphabeten.

Ein neuer Anfang

Für den Aufbau des Bildungswesens mußte alles von Grund auf neu aufgebaut werden. Die Unterrichtsmaterialien und Bücher werden in Eritrea selbst erstellt: »Die alten Bücher lehren uns die Geschichte aus den Blickwinkeln unserer kolonialen Unterdrücker. Sie zielen darauf ab, den Menschen in Unwissenheit und Abhängigkeit zu halten. Sie taugen nicht für uns.« So begründet unser Begleiter Gebrehiwot dieses Mammutunternehmen.

Ein Blick in die Geschichte gibt ihm recht: War das Privileg, in die Schule zu können, während der Kolonialzeit nur den Städtern vorbehalten, so werden im heutigen besetzten Eritrea die eritreischen Schüler in Amharik, der Sprache der neuen Unterdrücker, ausgebildet. Das Bildungswesen der EPLF stellt die nationale und die politische Befreiung in den Mittelpunkt.

Alphabetisierungsklasse

Dogmatische politische Formeln finden sich nicht in diesen Büchern. Was zählt, ist die Verbindung zum täglichen Leben der Schüler. Wegen dieses Starts vom Nullpunkt an wurde die erste Schule in Eritrea, die Revolutionary School, auch die Zero-Schule genannt. Hier, in dieser Internatsschule, die 1976 mit 300 Schülern eröffnet wurde, sind alle Lehrpläne und Unterrichtsmaterialien, die heute in Eritrea Anwendung finden, erprobt worden. Mittlerweile haben diese Schule Hunderte von Schülern durchlaufen. Viele von ihnen sind heute aktiv als Lehrer an den 200 Dorfschulen oder als Lehrer in der Alphabetisierungskampagne.

Um die Fesseln der Unterentwicklung abzustreifen, wurden seither 250 000 ältere Menschen von der Alphabetisierungskampagne erfaßt. Allein 1986 nahmen 38 000 Menschen an solchen Kursen teil. Die 156 Schulen wurden im selben Jahr von 22 000 Schülern besucht. Obwohl die materielle Not die

Schüler oft dazu zwingt, Bücher, Hefte, ja selbst Schreibstifte zu mehreren zu benutzen, herrscht dort ein ungewöhnlicher Lerneifer.

Nationale Eigenheiten berücksichtigen

303 Kinder lernen in der Dorfschule von Bakla. Sie werden dort in ihrer Sprache, Tigre, unterrichtet, wie die EPLF überall darauf achtet, daß in der Sprache der jeweiligen Nation unterrichtet wird. Jede Nation soll ihre Eigenheiten bewahren und entwickeln. So findet auch in Bakla der Unterricht zweisprachig statt, in Tigre und in Englisch. Englisch deshalb, weil das in den weiterführenden Schulen die Unterrichtssprache ist. Den Dorfkindern soll der Zugang zu den höheren Schulen nicht verwehrt werden. Die Bildungsprivilegien sollen abgeschafft werden.

»Jeder ein Lehrer, jeder ein Schüler«

So lautet ein Prinzip der Volksfront. Hinter diesem Schlagwort verbirgt sich das eigentlich Lebensnahe und Lebendige des eritreischen Bildungssystems. Lehrer ist, wer anderen etwas vermitteln kann, wer Erfahrung hat. Ein Bauer zum Beispiel, der noch selbst in der Alphabetisierungsklasse die Schulbank drückt. Sein Wissen ist gefragt. Er hält Unterricht. Sein Thema: Geschichte, das Leben unter dem Großgrundbesitzer.

Die Verbindung mit dem täglichen Leben wird in den Schulen bewußt angestrebt. So hat nahezu jede Schule einen eigenen Garten, in dem die Schüler selbst Gemüse anpflanzen. Ebenso sind die Schüler bei der Ernte auf den Feldern zu finden, wo sie den Bauern helfen. In den höheren Klassen wird die Verbindung des Gelernten mit der Praxis über Praktikumszeiten in den verschiedenen Werkstätten, Krankenhäusern und Landwirtschaftsprojekten hergestellt.

Um den Bedarf an ausgebildeten Fachkräften zur Aufrechterhaltung der Infrastruktur und für die weitere Entwicklung des Landes zu decken, wurde 1985 mit dem Aufbau einer

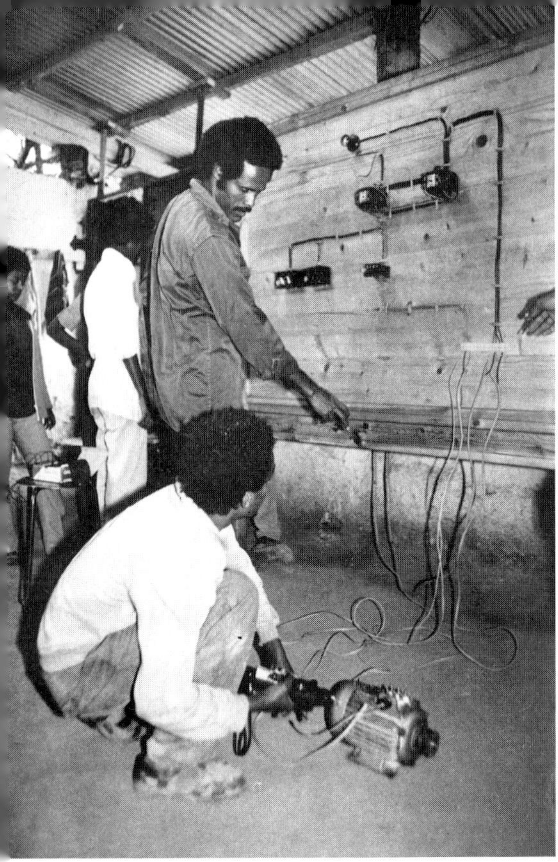

Die technische Schule

Technischen Berufsschule begonnen. Derzeit werden dort 81 Schüler in den Berufen Automechaniker, Schreiner, Elektriker, Mechaniker, Bauhandwerker ausgebildet.

Die Technische Schule ist neben der Ausbildung im Gesundheitsbereich und den anderen Departments der Volksfront eine Möglichkeit der beruflichen Weiterbildung. Dauert die Ausbildung heute noch zwei Jahre, soll sie ab 1989 auf eine dreijährige Ausbildung ausgedehnt werden, um so die Voraussetzung zu schaffen für eine folgende Weiterbildung im Ausland zum Techniker oder Ingenieur. Die 24 Lehrer der Technischen Schule haben meist im Ausland Techniker oder Ingenieur studiert.

Der Ausbildung in der Technischen Schule folgt ein Jahr Praxis in verschiedenen Einheiten und ein Jahr Spezialausbildung.

Nicht immer können die Berufswünsche der Schüler berücksichtigt werden. Die Berufswahl ist eine Kombination von Wunsch, Eignung und Einteilung nach der Beobachtung des Schülers im ersten Ausbildungsjahr. Die Anzahl der Ausbildungsplätze ist durch den Mangel an Platz, Schulmaterial und durch den aktuellen Bedarf eingegrenzt.

Während die Lehrer ihr Unterrichtsmaterial selbst vorbereiten, wird der Unterricht durch Teamarbeit bestimmt. Auch die Abschlußarbeit ist eine Gruppenarbeit, denn ein Schwerpunkt der Erziehung ist es, Fachkräfte auszubilden, die in der Lage sind, mit anderen gemeinsam zu arbeiten.

Gemeinschaftssinn und Solidarität statt Konkurrenzkampf untereinander: Monatliche Lehrer-Schüler-Treffen, auf denen auch die Probleme des Zusammenlebens besprochen werden, gehören ebenso dazu wie die gemeinsame Arbeit auf den Feldern der Schule, das Holzsammeln, die Essensausgabe in der Schülercafeteria.

Mit der Ausweitung der befreiten Gebiete stellt sich für das eritreische Erziehungswesen ein neues Problem: Das Department für Erziehung kann mit der Anforderung an ausgebildeten Lehrern nicht mehr Schritt halten, da die neu befreiten Städte und Dörfer Schulen eröffnen wollen.

Kinder im Krieg — Waisenkinder in Eritrea

»Wann immer sie spielen, wann immer sie essen, wann immer sie lernen — immer hängt die Bedrohung durch die äthiopischen Flugzeuge in der Luft. Allein schon dieses Wissen ist Terror. Psychoterror.«

So faßt der Leiter der Kindergruppe im Lager Solomuna in einem Gespräch mit uns die Situation zusammen. Hier, in dem Flüchtlingslager Solomuna, leben mehr als 600 Waisenkinder. Betreut und versorgt werden sie von Freiwilligen der Volksfront. Trotz guter Betreuung und ausreichend Nahrung: Die Volksfront kann ihnen die Eltern nicht ersetzen.

Viele dieser Kinder haben mit eigenen Augen ansehen müssen, wie ihre Eltern im Krieg umgekommen sind. Durch die Bomben äthiopischer Flugzeuge. Durch Napalm. Oder verhungert sind. Solche frühen Erlebnisse prägen diese Kinder. Bei jedem Flugzeug, das über das Lager fliegt, bricht das Erlebte wieder auf: Jede Bewegung erstarrt, ängstliche Kinderaugen starren zum Himmel.

Wir betrachten uns Bilder, die die Kinder gezeichnet haben. Immer wieder wiederholt sich das Motiv: Flugzeuge, Soldaten, brennende Hütten.

Ein Gruppenbetreuer: »Um die Kinder wieder zu einem normalen Leben zu führen, haben wir schon einige Experimente gemacht. Zuletzt haben wir einige Kinder in Familien im Lager zur Pflege gegeben. Zum Teil war dies erfolgreich, und sie sind heute in Familien integriert, aber bei anderen ist das nicht gelungen. Ein Junge kam wieder zu uns (den Gruppenbetreuern, d. V.) zurück. Als wir ihn nach den Gründen ausgefragt haben, hat er uns geantwortet, daß die Pflegemutter ihn nicht lieb habe. Sie hat das nicht verstanden, bis sich herausgestellt hat, daß sie ihren eigenen Kindern abends einen Kuß gab — dem Pflegling aber nicht.«

Der Kampf gegen die Auswirkungen des Terrors ist ein zentrales Problem für die Betreuer, die sich mit viel Liebe und Geduld um die Kinder kümmern. Die EPLF kann diese großen Probleme nicht abschaffen, aber sie kann sie lindern, um den Kindern einen möglichst guten Start ins Leben zu geben.

Kinder im Krieg

Waisenkinder

Aufbau des eritreischen Schulwesens

Kindergarten/Vorschule:	3½ bis 5 Jahre
Grundschule:	1. bis 5. Klasse
Mittelschule:	6. bis 7. Klasse
Sekundarschule:	8. bis 10. Klasse
Technische Schule:	11. bis 13. Klasse

Unterrichtsfächer und Hauptinhalte:
Sprachen — Tigrinia, Tigre, Arabisch und Englisch.
Geschichte — Weltgeschichte und Geschichte Eritreas.
Naturwissenschaften — Physik und Chemie.
Mathematik — Geometrie und Algebra.
Werken — Handarbeit mit verschiedenen Materialien, Holz, Metall. Die Schulen haben eigene kleine Werkstätten und auch Gärten.
Zeichnen — Technisches Zeichnen ab Sekundarschule.
Musik und Kultur.
Sport.

Interview mit Andebrhan W. Giorgis, Mitglied des Zentralkomitees der EPLF, Oktober 1988 (Auszüge)

»Bildung ist eine fundamentale Sache für den Erfolg unseres ganzen Programms.«

»Wir führen einen nationalen Befreiungskrieg. Während derselben Zeit versuchen wir, die Grundlagen für ein neues Eritrea zu legen. Wir versuchen, die alte Gesellschaft radikal zu verändern. Wir haben ökonomische, politische, soziale und kulturelle Veränderungen eingeführt, die das Leben unseres Volkes in den befreiten und halbbefreiten Gebieten Eritreas grundlegend verändern.

In diesem Prozeß der radikalen gesellschaftlichen Veränderung nimmt das Erziehungswesen eine Schlüsselrolle ein. Denn wenn wir über Veränderungen reden, dann in erster Linie über die Veränderung der Menschen, ihrer Ansichten, ihrer Denkweise, ihrer Beziehungen untereinander im täglichen Leben, in der Produktion. Dem Bildungswesen messen wir große Bedeutung zu, weil wir glauben, daß das eine fundamentale Sache für den Erfolg, für das Gelingen unseres ganzen Programms ist.

Unsere Ansicht ist, daß im Prozeß der Veränderung der Gesellschaft gleichzeitig wir die Menschen verändern müssen. Um die Grundlagen für die Änderung der Menschen zu legen, müssen wir Bildung verbreiten, das Analphabetentum und die Unwissenheit bekämpfen. Wir müssen überholte, rückwärtsgerichtete Ideen und metaphysische Ansichten bekämpfen und sie durch wissenschaftlich fundiertes Wissen über den Menschen, über die Natur, die Gesellschaft usw. ersetzen.«

»Haben wir dieses grundlegende Ziel erreicht, dann versuchen wir darauf aufzubauen und den kulturellen Stand unseres Volkes zu heben ... es gibt Schätzungen, die das Analphabetentum in Eritrea auf 85 bis 90 Prozent in den siebziger Jahren beziffern. Um ein Niveau zu erreichen, auf dem wir aufbauen können, haben wir verschiedene Programme der Erwachsenenbildung entwickelt.

Das ›Primary Education Program for Adults‹ (das Programm zur Erwachsenenbildung) dauert drei Jahre. Im ersten Jahr findet die Alphabetisierung statt, Lesen und Schreiben lernen. In den folgenden zwei Jahren wird in konzentrierter Form die elementare Schulbildung intensiv vermittelt.

In den Jahren 1983 bis Juni 1988 haben 250 000 Erwachsene dieses Programm durchlaufen. Das ist zahlenmäßig wirklich gering, viel mehr wert ist die Erfahrung, die wir in diesen Jahren sammeln konnten. (...)

Dieses Programm bekam ein sehr hohes kulturelles Niveau dadurch, daß es verbunden ist mit dem täglichen Leben der Menschen, mit dem Bewußtsein der Menschen und ihren unmittelbaren Lebenserfahrungen. Dadurch kann man sehr viele Wiederholungen vermeiden, wie das oft in der Grundschule passiert. Vermittelt werden in diesen Kursen auch grundlegende Kenntnisse der Naturwissenschaften — abhängig von dem, was die Menschen tun, in Zusammenhang mit ihrer Tätigkeit.

Im dritten Jahr der Ausbildung sind sie dann soweit, daß sie auf niedrigem Niveau mit Berufstraining beginnen können, zum Beispiel nach einem sechsmonatigen Training durch das Gesundheitsdepartment Barfußarzt oder Geburtshelfer zu werden oder Veterinärhelfer beim Landwirtschaftsdepartment.

Die ganze Idee der Erwachsenenbildung ist es, einen Grundstock an Wissen zu vermitteln, der es den Menschen erlaubt, teilzunehmen an der beruflichen wie auch der politischen Weiterentwicklung. Sie sollen das Wissen benutzen können zur Verbesserung des täglichen Lebens und in ihrer Gemeinde.«

»Die andere Seite des Erziehungswesens ist die Grundausbildung für unsere Jugend. Das Fernziel ist in unserem Programm so formuliert, daß wir unserem Volk universelle und grundlegende Bildung bis zur achten Klasse sicherstellen wollen. Wir können nicht behaupten, daß wir dies bereits erreicht haben, aber wir tun, was wir können, unter den Bedingungen des Krieges und unserer eingeschränkten Ressourcen. Wir haben gegenwärtig 165 Schulen in den befreiten Gebieten Eritreas mit rund 25 000 Schülern. (...)

Unser Schulsystem beginnt mit dem Kindergarten, dann folgt die Grundschule, Mittelschule und die berufsbildende Schule wie die technische Schule. Berufsausbildung findet auch in den verschiedenen Departments statt. Das Erziehungswesen baut derzeit eine Lehrerbildungsstätte aus, viele unserer medizinischen Kräfte sind hier, in Eritrea selbst, ausgebildet worden.«

»Das sind die zwei Säulen unseres Erziehungssystems, die grundlegende Schulbildung für die Kinder und die Erwachsenenbildung. (...) Wir haben auch noch eine Schule für Kultur und Kunst, die aber nicht nur Studenten ausbildet, sondern auch Kurse gibt für Mitglieder der Massenorganisationen, für Dorfkomitees, die in der Regel ja auch Verantwortliche für Kultur haben. Damit versuchen wir, der außerordentlich wichtigen Rolle, die Kunst und Kultur für die Mobilisierung des Volkes im Befreiungskampf haben, gerecht zu werden.«

»Als wir die erste Schule 1976 eröffnet haben, haben wir tatsächlich am Nullpunkt begonnen. Wir hatten weder Schulbücher noch ausgebildetes, erfahrenes Personal. Aber wir hatten Menschen mit verschiedenen Erfahrungen und Hintergründen: ehemalige Lehrer, Leute mit akademischer Erfahrung in Eritrea, Äthiopien, Europa, Osteuropa und den USA, die sich entschlossen, sich dem Befreiungskampf anzuschließen.

Wir hatten auch äthiopische Texte, russische, sudanesische. Wir haben sie benutzt, aber nicht kopiert. Wir haben *unsere Situation* als das grundlegende Element in den Lehrinhalt eingebracht. Es gibt Leute, die behaupten, Bildung sei unabhängig von der Politik. Das ist nicht die Realität. Wenn

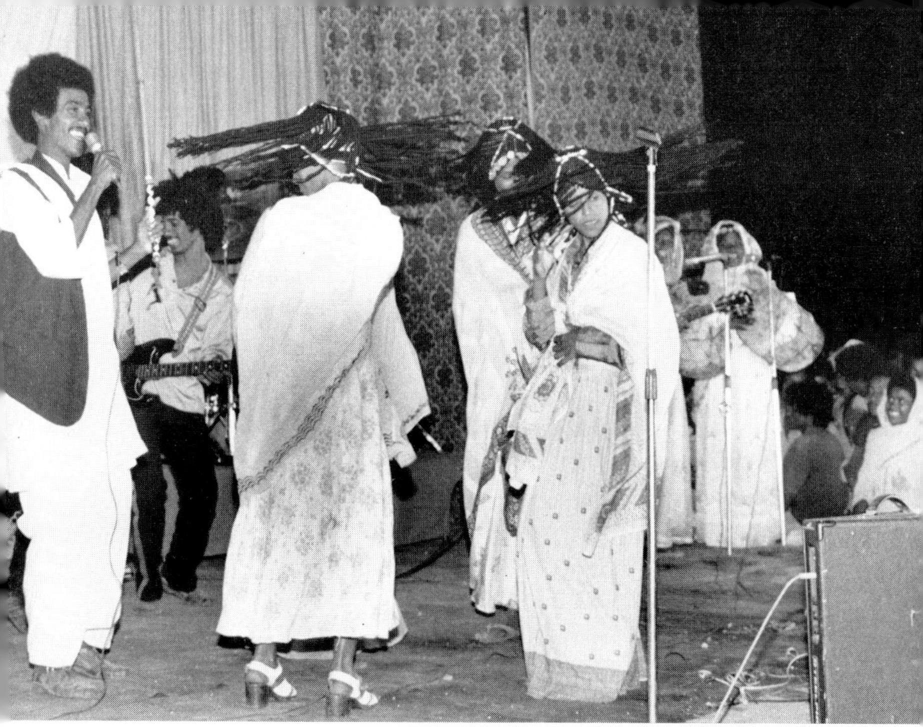

Kulturveranstaltung der EPLF in Nakfa

Klavierkonzert im Untergrund, in der Kunstschule

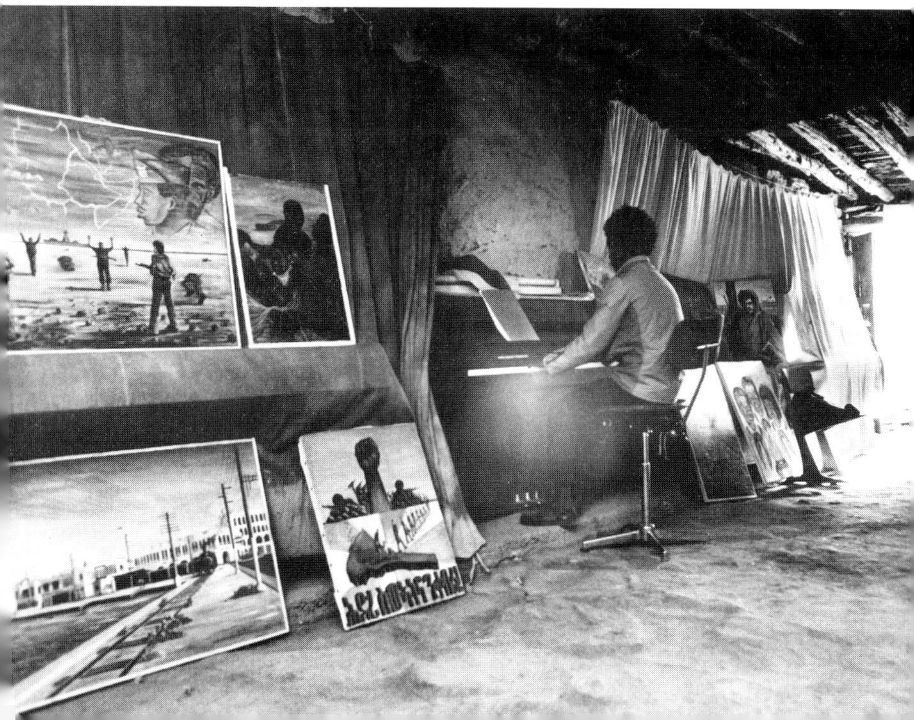

Selbst produzierte Schulbücher

man einen Lehrinhalt beschließt, dann wird entschieden, was man den Kindern beibringen will.

Wenn ein Schüler in Stuttgart geboren, aufgewachsen und in die Schule gegangen ist, oder er ist in Asmara aufgewachsen und zur Schule gegangen oder hier in der Zero-Schule, dann haben wir nicht dasselbe Ergebnis. Wir haben drei verschiedene Menschen. Selbst dann, wenn alle drei Eritreer sind, gleich alt und mit der gleichen sozialen Herkunft. Das einzige, was sie gemeinsam haben, ist die eritreische Herkunft und die Hautfarbe. Sonst nichts.

Wir sind Realisten. Wir glauben nicht, daß ein Lehrplan neutral ist oder gar objektiv. Aus diesem Grund konnten wir gar nicht auf einen fertigen Lehrplan zurückgreifen. Wir mußten ihn selbst entwickeln. Wir haben das getan, natürlich ohne die Erfahrungen der anderen beiseite zu lassen, der Entwicklungsländer mit ähnlichen sozialen und ökonomischen

Grundlagen. Wir haben unseren Lehrinhalt mit spezifischem eritreischem Inhalt und der eritreischen Orientierung geschaffen, der dem gegenwärtigen Stand unseres Befreiungskampfes entspricht. (...)«

Was wäre das für eine Freiheit, die die Frauen ausgrenzt?

Von Anfang ihrer Entwicklung an hat die EPLF der Frauenfrage große Bedeutung zugemessen. Die EPLF will den Wert der neuen Gesellschaft an der Stellung der Frau messen. »Die Befreiung der Frau ist der Prüfstein unserer Revolution«, einer Revolution, die bereits jetzt beginnt. Die Befreiung der Frau soll nicht auf den Tag X verschoben werden.

Man findet heute im freien Eritrea Frauen in allen möglichen Funktionen und Positionen – vom Mitglied des Zentralkomitees über Militärkommandeurin, Vorsitzende der Dorfverwaltung, Mechanikerinnen, Elektronikerinnen ebenso wie Männer bei so typisch »unmännlichen« Beschäftigungen wie Kochen und Waschen. Und das in einem Land, in dem sich die Männer noch vor kurzer Zeit selbst die Nähmaschine wie alles andere technische Gerät zum Symbol ihrer Überlegenheit gemacht hatten.

Es wäre schönfärberisch, wenn man die Erfolge der EPLF mit der Befreiung der Frau als in der ganzen Gesellschaft abgeschlossen bezeichnen würde. Der Emanzipationsprozeß, der innerhalb der Befreiungskämpfer und ihrer Infrastruktur stattgefunden hat, ist in der Gesellschaft oft noch sehr umstritten. Denn diese Gesellschaft ist mit Ausnahme zweier mutterrechtlich geprägter Volksgruppen (den Nara und den Kunama) zutiefst patriarchalisch und frauenfeindlich. Die Rolle der Frau ist sowohl in der christlich-orthodoxen wie in der islamisch geprägten Gesellschaft von weitgehender Entrechtung und Unterdrückung gekennzeichnet.

Frauenversammlung

Mit der Geburt beginnt die Diskriminierung ...

Wird die Geburt eines Jungen nach Möglichkeit groß gefeiert, ist die Geburt eines Mädchens eher peinlich. Ist die Beschneidung der Jungen in beiden Bevölkerungsgruppen noch ein normaler Vorgang, wird mit der Beschneidung der jungen Mädchen eine besonders grausame Form der Frauenunterdrückung praktiziert. Beschneidungen der Klitoris sind sowohl bei der christlichen als auch bei der moslemischen Zivilbevölkerung durchaus heute noch üblich. Jahrhundertelang praktiziert, ist diese Verstümmelung der weiblichen Geschlechtsorgane neben der Infibulation — dem Zunähen der Scheide — zur Tradition geworden. Nicht wenige Mädchen sterben an diesen Verstümmelungen, die später die Quelle vieler Komplikationen sind: Aufreißen der Narben bei jeder Geburt, Entzündungen, ganz zu schweigen von dem seelischen Schock und der sexuellen Beeinträchtigung der Frau. Falsch wäre es, die brutale Verstümmelung der Frau als eine afrikanische Besonderheit abzutun. Auch in anderen Kulturkreisen waren (und sind) Frauen solchen oder ähnlichen Eingriffen in ihr Leben ausgesetzt. Man denke nur an die Praxis im alten China, wo die Frauen durch das Binden der Füße verstümmelt wurden, oder an die mörderische Korsettmode in Europa. Mit Verboten ist eine solche Praxis nicht zu ändern, denn der Hintergrund ist gesellschaftlicher Art: die brutale Unterdrückung und die kulturelle Isolation der Ausgebeuteten in einer feudalistisch und kolonial geprägten Gesellschaft.

Die Geschichte zeigt, daß solche Auswüchse der Frauenunterdrückung nur abgeschafft werden können mit der sozialen Revolution, mit der Entwicklung eines neuen gesellschaftlichen Standes der Frau.

Die EPLF verurteilt diese feudalen Traditionen, und die Abschaffung dieser Grausamkeiten ist ein wichtiger Punkt in der Frauenarbeit der Volksfront. Frauen selbst sind es, die diese Operationen vornehmen, zumeist die traditionellen Geburtshelferinnen. Zum einen wendet sich die Frauenorganisation auf ihren Versammlungen an die Betroffenen selbst und klärt auf über die gesundheitlichen Folgen der Beschneidung und die gesellschaftlichen Hintergründe. Zum anderen werden in den Kliniken der Volksfront Geburtshelferinnen in moderner Entbindungsmethode, Hygiene und Kinderpflege ausgebildet. Auch die traditionellen Hebammen werden in die Fortbildung mit eingeschlossen. Die Kliniken der EPLF nehmen keine Beschneidungen vor. Aber oft ist der traditionelle Einfluß so stark, daß die Mütter dennoch Beschneidung und Infibulation bei den traditionellen Hebammen vornehmen lassen.

»Aber«, so Dr. Nerayo, »wenn eine Frau mit ihrem Baby zur Nachuntersuchung kommt, und ich dann feststelle, daß es in der Zwischenzeit beschnitten ist, was soll ich dann tun? Eine Revolution ist doch keine Strafanstalt, in der alte Sitten und Gebräuche geahndet werden, sondern eine Schule, in der wir alle lernen müssen. Wir können diese Traditionen nicht für die Menschen, sondern nur mit ihnen ändern.«

Einzige Perspektive: Heirat

In der traditionellen Gesellschaft haben die Mädchen mit Ausnahme weniger Stadtkinder keine Möglichkeit, einen Beruf zu erlernen. Die Perspektive heißt Heirat. Nicht die Gefühle der Braut für oder gegen den Bräutigam bestimmen die Eheschließung, sondern wirtschaftliche Interessen der Familie oder des künftigen Mannes. Die Ehe wird von den Eltern arrangiert, ein Brautpreis bezahlt: bei den Christen an die Familie des Mannes, bei den Moslems an die der Frau. Die Braut wird zur Ware. Die Ehe selbst — der Zustand völliger Rechtlosigkeit.

Die Frauen haben kein Recht, Land oder Geld zu besitzen. Ihr Leben besteht aus Hausarbeit, Feldarbeit, Kinderbetreuung. Bei manchen nomadischen Stämmen ist es Sache der Frau, nach einem anstrengenden Tag zu Fuß, das Kind auf dem Rücken, das Zelt aufzubauen und die Mahlzeit zuzubereiten. Währenddessen ruht sich der Mann im Schatten aus. In

seinem Beisein darf die Frau nicht essen, ohnehin bekommt sie nur, was er übrigläßt.

Eine Scheidung, egal von welcher Seite aus herbeigeführt, stellt die Frau vor das Nichts: Sie muß für die Kinder sorgen, das gesamte Eigentum bleibt beim Mann. Ist der Weg zurück in die elterliche Gemeinschaft versperrt, bleibt oft nur die Prostitution, um sich am Leben zu halten.

Der Weg in die Freiheit

Durch die Arbeit der EPLF sind solche feudalistisch geprägten Strukturen ins Wanken gekommen. Überall in den befreiten Gebieten haben die Frauen begonnen, sich in Frauenorganisationen zusammenzuschließen. Zum ersten Mal werden sie nach ihrer Meinung gefragt, ermutigt, ihre typisch weiblichen Fragen ebenso wie Fragen der Politik zu diskutieren. Die Frauenorganisation organisiert Alphabetisierungskurse, fördert die Bildung von Handarbeitskooperativen usw. In der Dorfversammlung nehmen die Frauen aktiv am gesellschaftlichen Leben teil. Dieser Prozeß stößt aber oft auf den Widerstand nicht weniger Männer und auch der Kirchen. Es ist kennzeichnend für die Politik der EPLF, solche tiefgreifenden Veränderungen nicht durchzupeitschen, sondern durch geduldige Überzeugungsarbeit die Menschen für die Veränderung zu gewinnen.

Mehr als 30 Prozent der Kämpfer der EPLF sind Frauen. Weder die Leistungen der EPLF im Aufbau des Landes noch die militärischen Erfolge wären ohne eine aktive Beteiligung der Frauen denkbar.

Chuchu, unsere eritreische Begleiterin, sieht illusionslos, daß die Änderung des Bewußtseins der Menschen enorm viel Zeit und Mühe kostet: »So eine gesellschaftliche Struktur kann man nicht per Anweisung ändern. Man muß die Gewohnheiten der Menschen studieren und Schritt für Schritt mit der Überzeugungsarbeit beginnen ... Der Weg in eine

Barfußärztin

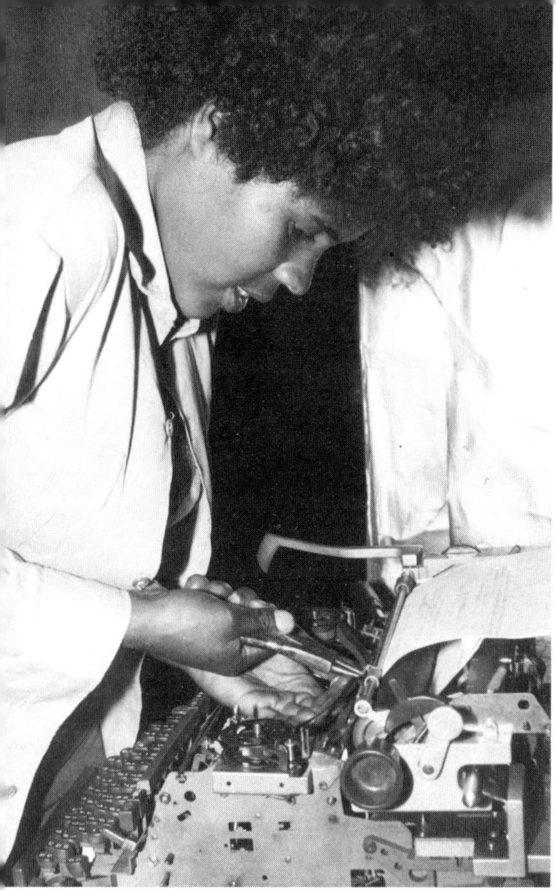

moderne, gerechte und demokratische Gesellschaft, der Kampf um das Recht der Frau als gleichberechtigter Mensch dauert seine Zeit. Wir werden die Menschen nicht von heute auf morgen ändern. Die Mentalität der Männer in der feudalistisch geprägten Gesellschaft ist so: Stirbt eine Frau, kann er leicht eine neue finden. Das Leben einer Frau ist weniger wert als das einer Ziege. Die Aufzucht einer Ziege dauert mehrere Jahre.«

Eine Besonderheit der eritreischen Revolution ist der beständige Kampf um die Gleichberechtigung der Frau, heute, nicht erst morgen. Innerhalb der EPLF fand bis heute ein Emanzipationsprozeß statt, der viele Frauen befähigt hat, an allen Bereichen des gesellschaftlichen Lebens gleichberechtigt teilzunehmen. In der Zivilbevölkerung wird dieser Prozeß sicher länger dauern und noch heftig umstritten sein. Aber das Bewußtsein, welches bis heute geschaffen wurde, ist ein wichtiger Schritt zur Befreiung der Frau. So wie die Diskriminierung der Frau auch heute noch zum Alltag in Eritrea gehört, so machtvoll bahnt sich in den selbstverwalteten Dörfern und Gemeinden des freien Eritrea das neue Leben seinen Weg: Alphabetisierung, die Landreform, die den Frauen erstmals den Besitz von Land erlaubt und damit ein Stück wirtschaftliche Freiheit bedeutet. Der Aufbau einer selbstversorgenden Wirtschaft, das neue Ehe- und Scheidungsrecht zerstört die materielle Grundlage jahrhundertealter feudaler und kolonialer Strukturen.

Gesundheitsversorgung im befreiten Eritrea

Medikamente helfen nur kurzfristig

Himer, ein Tausendseelendorf im Nordwesten des eritreischen Tieflandes. Eine lose Ansammlung einfacher Hütten zieht sich am Ufer des ausgetrockneten Flußbettes entlang, dessen Wasser während der Regenzeit zur Bewässerung der naheliegenden Hirsefelder genutzt wird. Kleine Gemüsefelder können das ganze Jahr über aus den Tiefbrunnen bewässert werden. Eine kleine lokale Klinik, betreut durch zwei Barfußärzte, hat die Versorgung der Dorfbewohner und der Umgebung übernommen. Kein Zufall, daß wir hier in dieser Einöde auf eine Klinik treffen. Diese ländliche Klinik ist Teil des ehrgeizigen Programms der Volksfront, die medizinische Versorgung der Bevölkerung zu verbessern.

Früher war dieses Privileg den Reichen und den Städtern vorbehalten. Ärzte und Kliniken konzentrierten sich in den wenigen Städten — oft unerreichbar und zudem unerschwinglich für die Landbevölkerung. Dieses System hat die EPLF auf den Kopf gestellt. »Die meisten Menschen hier leiden an den Folgekrankheiten von Mangel- und Unterernährung«, berichtet die Barfußärztin Almaz, mit der wir von Patient zu Patient gehen. Die Betten sind lediglich Deckenlager, oft nur unter Büschen und Bäumen. Der Behandlungsraum ist eine einfache, aber saubere Hütte unter einem weit ausladenden Akazienbaum. Nach neunmonatiger Ausbildung im Zentralhospital der Volksfront war Almaz hierhergeschickt worden, um die medizinische Grundversorgung zu gewährleisten. Selbst die umherziehenden Nomaden werden von diesem

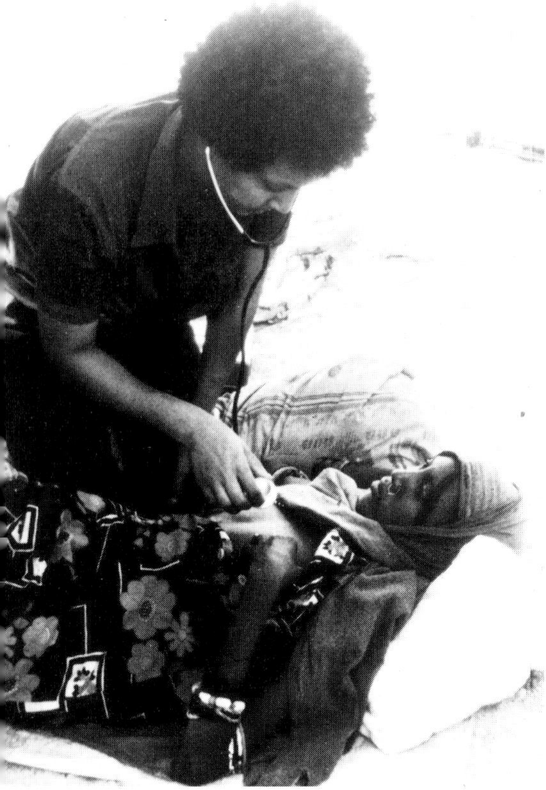

Barfußärztin Almaz bei Untersuchung

Gesundheitswesen erfaßt: An den Wanderwegen der Nomaden tun mobile medizinische Teams ihren Dienst. Wer behandelt wird, erhält ein Kärtchen, auf dem Diagnose und Behandlung vermerkt werden.

Das erleichtert anderen Trupps oder den lokalen Kliniken die Fortsetzung der Behandlung, wenn die Nomaden weiterziehen.

»Tbc, Blutarmut, Durchfallerkrankungen und Tropenkrankheiten wie Malaria sind hier die am weitesten verbreiteten Erkrankungen. Wir wissen, daß hier Medikamente oft nur kurzfristig weiterhelfen können. Die entscheidende Ursache dieser Krankheiten, die Armut, die Mangel- und Unterernährung, die allgemeinen Lebensbedingungen der Menschen können wir mit Tabletten nicht ändern«, so Almaz.

Das Essen, das für uns Besucher an diesem Abend bereitet wird, ist ein Festmahl: Kicha, ein hartes Fladenbrot aus Weizenmehl und Wasser gebacken, und — Spinat, sonst nur den Kranken und Kindern, den Schwachen zugedacht. Obst und Gemüse sind absolute Mangelware. Nicht nur hier und nicht nur wegen der Dürrejahre, sondern auch, weil der Krieg den Handel unterbrochen hat, lokale Märkte nicht mehr voll funktionieren.

Deshalb stehen in den Listen der Krankheitsursachen neben den Kriegsverletzungen der Vitaminmangel und die Unterernährung obenan. 82 Prozent der Kinder unter 10 Jahren sind unterernährt, weist eine Statistik des Gesundheitswesens aus. 56 Prozent der Kinder leiden an Parasiten des Verdauungstraktes. Mit 36 Prozent ist die Säuglingssterblichkeit, mit 52 Prozent die Kindersterblichkeit extrem hoch, ebenso die Müttersterblichkeit.

Kein medizinisches Problem allein

Der ländliche Basisgesundheitsdienst Eritreas ist darum kein rein medizinisches Programm, sondern eng verbunden mit der Verbesserung und Änderung der Lebensbedingungen. Überall im Land sind die Mitarbeiter der Landwirtschaftsabteilung der EPLF dabei, den Bauern den Anbau (für sie neuer) Gemüsesorten beizubringen. Sie zeigen, wie man auf einfache Art und Weise bewässerte Felder anlegt. Terrassierung und Wiederaufforstung des stark erosionsgeschädigten Landes soll die nutzbare Fläche erhalten und erweitern. Neben der Sicherung der Wasserversorgung durch gebohrte Brunnen und Wasserrückhaltebecken hat das in vielen Orten Eritreas bereits zu einer Verbesserung der Umwelt- und Lebensbedingungen geführt. In der EPLF-Basis produziert eine kleine Fabrik Kinderzusatznahrung für derzeit zirka 7 500 Kinder.

Obwohl ein Schwerpunkt im Gesundheitswesen, ist die Verbesserung der Situation der Frauen und Kinder erst in zweiter Linie ein medizinisches Problem. Solange in Teilen der traditionellen Gesellschaft Eritreas (zum Beispiel bei den nomadischen Völkern) von den Frauen erwartet wird, daß sie nur das essen, was der Ehemann übrigläßt, und von vornherein die Portionen klein sind und der Nährwert gering, kommt es zwangsläufig zu Unterernährung und Blutarmut bei den Frauen. Darüber hinaus werden Frauen bis zum 40. Lebensjahr im Durchschnitt achtmal schwanger. Zu dieser Schwächung des Körpers durch Unterernährung und die häufigen

Werbeplakat für Impfungen

Schwangerschaften in zeitlich kurzen Abständen kommen Praktiken wie die Beschneidung der Frauen und die Infibulation (das Zunähen der Scheide), die das Risiko bei Schwangerschaft und Geburt erheblich erhöhen.

Meßbare Erfolge der EPLF auf dem Sektor Gesundheit von Mutter und Kind findet man in der Region Rora Habab. Seit 1978 von der EPLF kontrolliert, wurde dort systematisch an der Verbesserung der Lebenssituation wie auch an der Veränderung der Gesellschaft gearbeitet. 1984 wurde von der Dorfversammlung das Heiratsgesetz der EPLF angenommen (freie Wahl des Partners, Heiratsalter 18 Jahre, Scheidung mit Sicherung des Rechts der Frau ...). Seit 1983 gibt es dort eine Gesundheitsstation. Geburtsvorsorge und Geburt selbst werden dort durchgeführt. Hygieneunterricht für die werdende Mutter gehört ebenso dazu wie Unterricht über die richtige Ernährung der Kinder.

All diese einfachen Dinge sind für sich selbst gesehen Kleinigkeiten, von europäischer Warte aus gesehen Selbstverständlichkeiten. Für die Bewohner von Rora Habab sind sie ein großer Schritt in die Freiheit. Denn diese Dinge haben dazu geführt, daß die Sterblichlichkeitsrate von schwangeren

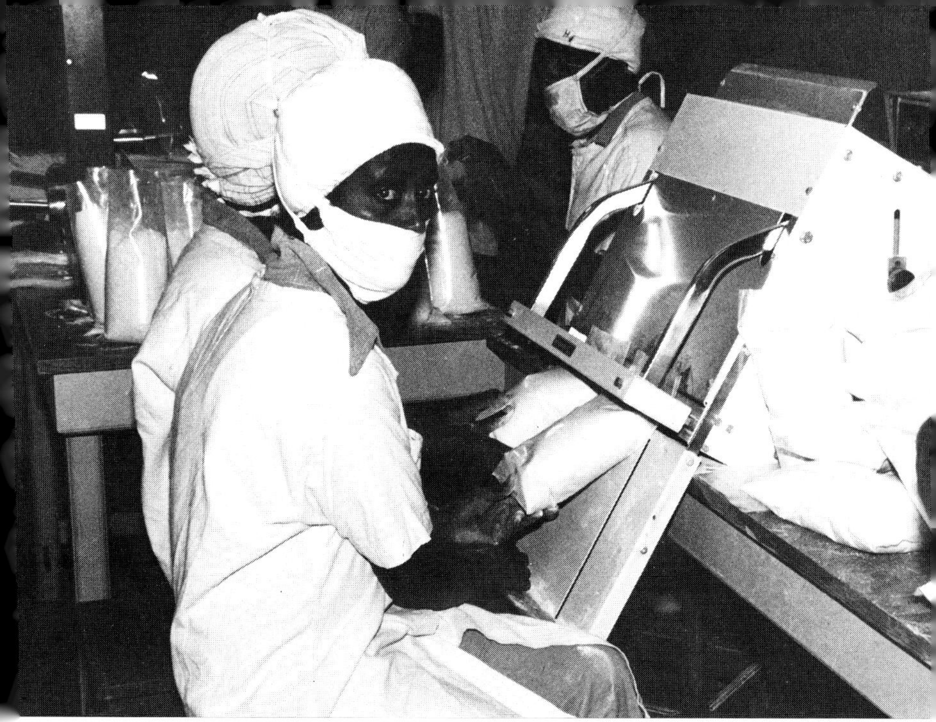

Produktion von Kindernahrung

Geburtsstation, Kinderklinik Rora

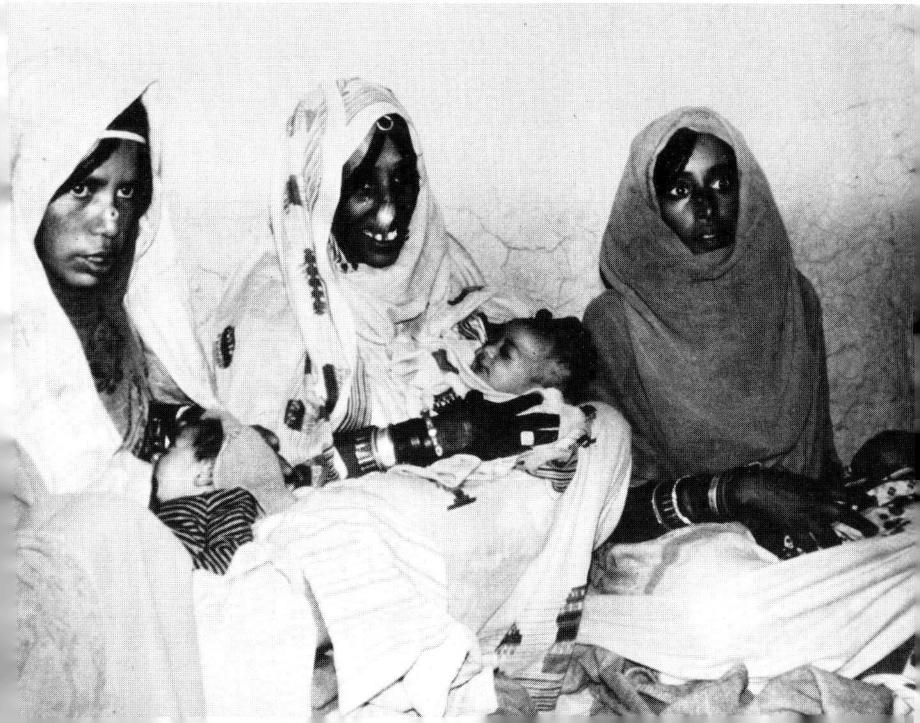

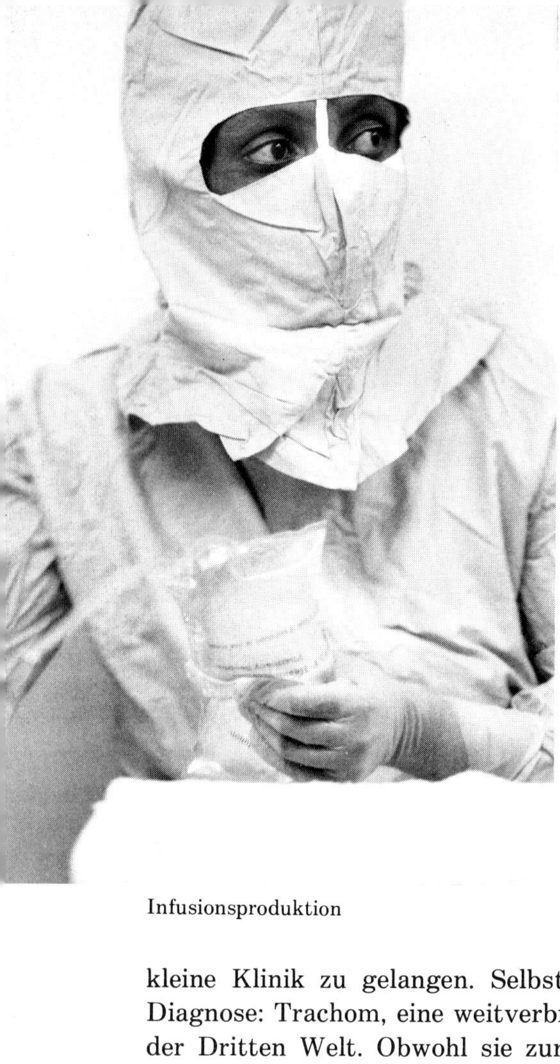

Infusionsproduktion

und stillenden Frauen um 75 Prozent gesenkt werden konnte.

Oft sind die Barfußärzte konfrontiert mit den Folgen tief verwurzelter traditioneller Behandlungsmethoden der Bevölkerung.

Die eiternden Wunden am Kopf des vierjährigen Alem zeugen von einer solchen Behandlung. Mit glühenden Eisen haben die Eltern die Kopfhaut des Jungen an mehreren Stellen verbrannt — in dem Glauben, sie könnten damit eine Augenkrankheit heilen.

Mehrere Tagesmärsche haben der Junge und sein Vater hinter sich, um hierher in die kleine Klinik zu gelangen. Selbstbewußt stellt Almaz die Diagnose: Trachom, eine weitverbreitete Augenkrankheit in der Dritten Welt. Obwohl sie zur Behandlung fähig wäre, muß sie den Jungen in das nächstgelegene Regionalhospital überweisen. Denn ihr fehlt die zur Behandlung notwendige Tetracyclinsalbe. Nicht einmal fünf Mark kostet das benötigte Medikament.

Mehr als 1 600 solcher Barfußärzte sind derzeit in den befreiten Gebieten Eritreas im Einsatz. Noch verfügt nicht jeder der Trupps über ein kleines transportables Labor zur Feststellung von Krankheitsursachen. Speziell für die mobi-

Von EPLF-Medizinern entwickeltes transportables Mikroskop

Produktion von Medikamenten

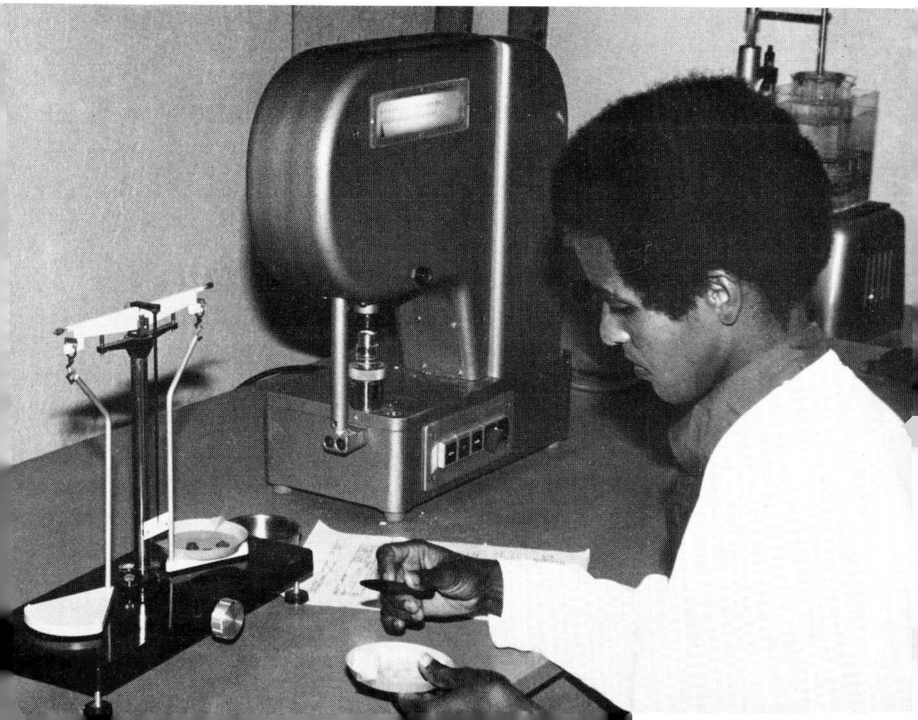

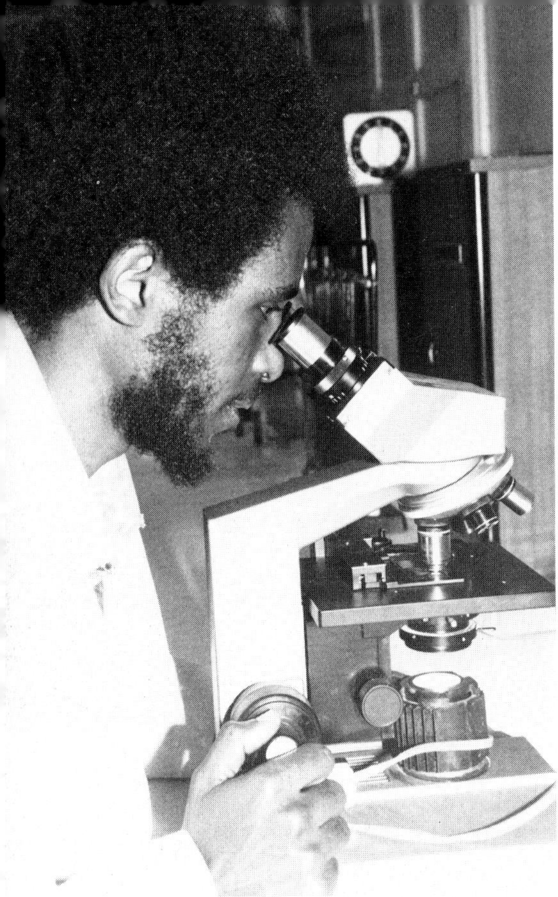
Im Labor

len Teams haben die eritreischen Mediziner ein zusammenklappbares Mikroskop entwickelt, welches mittlerweile auch in anderen Entwicklungsländern Verwendung findet. Selbst die mitgeführten Medikamente, vom Aspirin über Malariatabletten bis hin zu Antibiotika, stammen aus eigener Produktion. Ausgebildet werden die Barfußärzte im Zentralen Hospital der Volksfront. Diese Ausbildung ist nicht stur an der westlichen modernen Medizin orientiert.

Die eritreischen Ärzte haben begonnen, die volkstümlichen Heilmittel und Behandlungsmethoden auf ihre Wirksamkeit hin zu überprüfen und die positiven Elemente davon in Praxis und Ausbildung zu integrieren.

Im längsten Hospital der Welt

Über eine Länge von mehreren Kilometern erstreckt sich das Hospital, an die Berghänge geduckt, getarnt durch Gestrüpp und Bäume, durch verschiedene enge Täler des Sahel-Gebirges. Dr. Assefaw Tekeste, der Leiter des Hospitals, ist sicher, daß dieses Hospital das längste der Welt ist. Und er ist stolz auf dieses Hospital, das momentan 1 100 Patienten

Platz bietet, betreut von 16 Ärzten und 270 Pflegern.

Beim Rundgang durch das Hospital bietet sich uns Besuchern ein fast unglaublicher Anblick: Hinter den Türen der gut getarnten Häuser finden wir eine Zahnklinik, mehrere Operationsräume, eine Frauenklinik, verschiedene Labors und Forschungseinrichtungen für Mikrobiologie, in denen Antibiotika auf ihre Wirksamkeit gegen Krankheitserreger untersucht werden. Ein Röntgenzentrum, die Ausbildungsstätten der Medizinschüler und in staubdichten Containern die Produktionsanlage für Infusionen mit einer Kapazität von 124 000 Litern im Jahr.

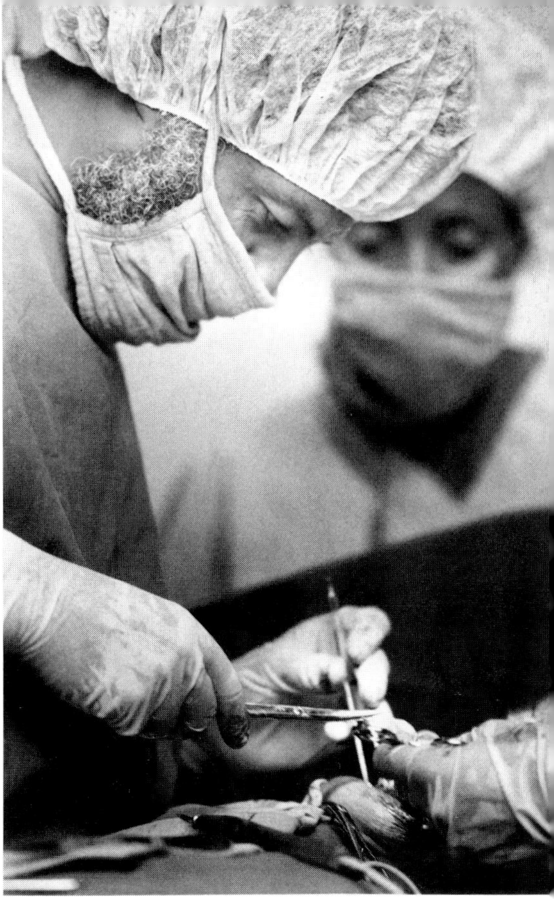

Dr. Assefaw Tekeste bei einer Operation

»Als wir 1975 angefangen haben, mußten wir oft in Zelten, im Schein von Taschenlampen operieren«, erzählt uns der Orthopäde Dr. Michael. »Nach und nach haben wir unsere Ausrüstung durch die Eroberung großer Städte und durch die Unterstützung der ERA auf den heutigen Stand gebracht.«

Mit Dr. Michael gehen wir zur morgendlichen Visite. In Steinhäusern, oft auch nur in Zelten stehen die Betten der Patienten. Kriegsverletzungen, Arm- und Beinamputierte sind oft zu sehen. »In den letzten Monaten haben wir eine anstei-

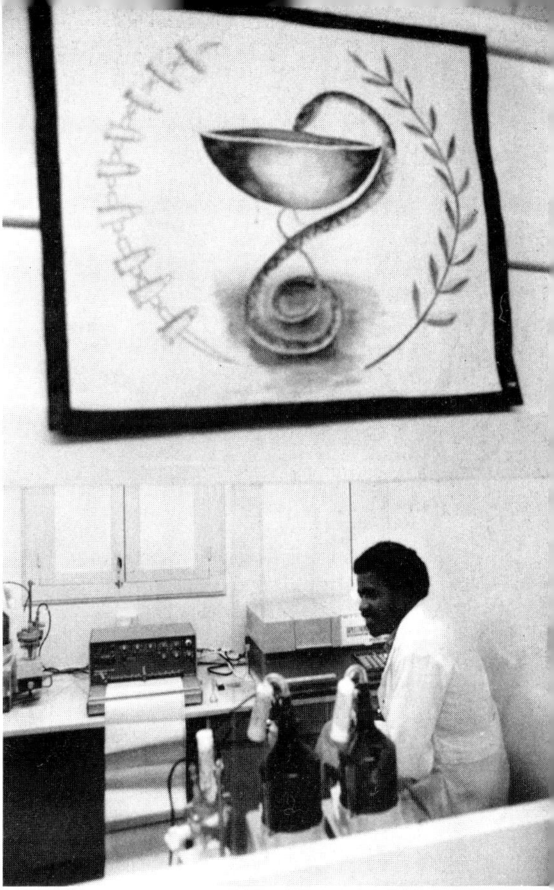

Zentrale Pharmazie

gende Zahl zumeist jugendlicher Opfer von Tretminen.«

Das stellt das Gesundheitswesen vor große Probleme, da eine Rehabilitation bislang nur in beschränktem Umfang möglich ist. Die Rehabilitationsklinik der ERA in Port Sudan ist hoffnungslos überlastet.

Schockierend ist die Begegnung mit den Opfern der Napalmbomben. Kein Kämpfer ist unter den Opfern, nur Kinder im Alter von zwei bis 16 Jahren. Schreckliche Verbrennungen haben diese Kinder gezeichnet. Zum Teil sind Haut und Fleisch bis auf den Knochen verbrannt. Ein Mädchen, 14 Jahre alt: Sie wurde Opfer eines Flugzeugangriffs in dem Dorf Badme. Heute, nach eineinhalb Jahren Behandlung, ist sie über dem Berg. Sie wird überleben, wenn auch gezeichnet für immer. Mehrere Hauttransplantationen haben ihr Leben gerettet.

»Die Behandlung von Napalmverbrannten ist sehr schwierig, vor allem unter solchen Bedingungen wie hier. Die meisten sterben an Infektionen und weil sie mit der Zeit resistent werden gegen die verabreichten Antibiotika«, so Dr. Michael.

Napalmopfer

Neue Patienten werden registriert.

Ausbildung von Hebammen

Eine Gruppe englischer Mediziner, die hier sechs Wochen lang unentgeltlich arbeiten, treffen wir am Abend. Auch sie bescheinigen ihren eritreischen Kollegen eine wirkungsvolle und effiziente Arbeit. Sie sind von dem hohen Standard der Ausbildung und Ausrüstung des Hospitals sehr beeindruckt. Das wichtigste Aufgabenfeld im Hospital ist neben der Betreuung der Patienten der Sektor der Weiter- und Ausbildung medizinischer Kräfte. Tausende junger Männer und Frauen wurden hier bereits für die Arbeit im Gesundheitsdienst ausgebildet, vom Barfußarzt über die Hebamme, Dentisten, Pharmaziehelfer bis hin zum Laboranten.

Tausende sollen noch folgen, um den Basisgesundheitsdienst auf das ganze Land ausweiten zu können. Den ehrgeizigen Plänen der eritreischen Mediziner stehen aber für westeuropäische Verhältnisse oft simple Hindernisse im Weg. Das Impfprogramm stößt auf Grenzen, weil geeignete stromunabhängige Kühlschränke Mangelware sind. Die Nutzung alternativer Energien etwa durch solarbetriebene Kühlschränke ist aber in der Anschaffung sehr teuer, ebenso wie für die Produktion von Antibiotika für Kinder in Sirupform teure Wasseraufbereitungsanlagen nötig sind.

Viele Besucher der befreiten Gebiete Eritreas bescheinigen dem Aufbau in Eritrea Modellcharakter für Afrika. Ich bin kein Experte in Sachen Entwicklungspolitik. Aber ich denke, daß sich die Leistungen der Eritreer mit manchen unabhängigen Dritte-Welt-Ländern durchaus messen können — ja zum Teil erheblich besser sind. Sei das die medizinische Versorgung oder das Schulwesen.

Für den Leser bieten sich vielfältige Möglichkeiten, den Aufbau in Eritrea zu unterstützen. Hier in der Bundesrepublik unterstützt das Eritrea Hilfswerk mit seinen Ortsgruppen den Aufbau in den befreiten Gebieten. Konkretes Informationsmaterial über die vom EHD unterstützten Projekte kann man über das EHD beziehen:

Eritrea Hilfswerk in Deutschland e. V.,
Hohenstaufenring 39, 5000 Köln 1

Wer ist die Eritreische Volksbefreiungsfront EPLF

Das Entstehen der eritreischen Befreiungsbewegung ist ein Resultat der jahrelangen Unterdrückung und Entrechtung des eritreischen Volkes. Erst als alle friedlichen Methoden des Protestes ausgeschöpft waren, begann der bewaffnete Kampf um die Freiheit.

In diesem Kampf hat sich die Eritrean Peoples Liberation Front (EPLF) als die beständigste und erfolgreichste Kraft des Widerstandes entwickelt.

Die Spaltung der Befreiungsbewegung und Gründung der EPLF

Eine Gruppe patriotischer Eritreer um Idriss Awate gründen 1960 die Eritreische Befreiungsarmee. Anfänglich rekrutieren sich die Kämpfer aus den Bauern und Nomaden des Flachlandes. Die muslimischen Volksgruppen sind den christlichen Äthiopiern traditionell feindlich gesinnt. Bis 1963 geht der Aufbau sehr langsam vor sich. Die Volksbewegung in den Städten ist unter dem Terror der neuen Kolonialisten zusammengebrochen, die Gefängnisse sind voll und die bedeutenden Führer des Widerstandes im Exil. Ausländische Unterstützung gibt es keine. 1964 setzt dann ein starker Zustrom auch aus den Städten und dem Hochland ein. Die fortschrittlichen Kräfte wenden sich der ELF zu, nachdem sie anfänglich den Kämpfern der Befreiungsarmee sehr skeptisch gegenüberstanden. Nicht zuletzt ist dieser Zulauf auch ein Ergebnis der brutalen Unterdrückung der Bevölkerung, die jedesmal dann, wenn die Partisanen zuschlugen, unter den Vergeltungsaktionen des äthiopischen Militärs zu leiden hatten (Geiselerschießungen, Geldstrafen usw.).

In Kairo und in Beirut einigen sich die nationalen Führer im Exil zur Bildung des »Hohen Rates« Eritreas. Sie leiten die

Front im Ausland, während Idriss Awate die Organisierung des bewaffneten Kampfes im Inneren übernimmt.

Aber die ELF hat für diesen Kampf kein klares Programm. Unabhängigkeit ist wohl das Ziel, wird aber nicht näher beschrieben. Bis Ende 1964 sind fünf Militärdistrikte in Eritrea aufgebaut. Jedoch die Führer dieser Militärdistrikte gebärden sich teilweise wie die alten Kriegsherren, selbstherrlich, sich selbst bereichernd. Was für eine Freiheit soll das geben? Die ersten Erfahrungen mit den Befreiungskämpfern, die die Bevölkerung macht, verbreiten Ungewißheit.

Politischer Sprengstoff in den Reihen der Partisanen (1965—1970)

Mit dem Zustrom von Städtern und jungen Leuten aus Schulen und Universitäten entwickeln sich rasch Diskussionen über den Inhalt und Weg des Befreiungskampfes, wie die sozialen Fragen zu lösen sind. Die jungen Leute sind radikaler, besser ausgebildet und haben neben den eigenen Erfahrungen im Kampf gegen die Aushöhlung der Föderation auch viel mitbekommen über die revolutionären Bewegungen in Afrika und der Welt. Ihre Vorstellungen von Freiheit und Unabhängigkeit kommen immer mehr in Konflikt mit der Praxis des Kampfes, wie ihn die ELF führt.

Jahrhundertelang war das ländliche Leben in diesem Gebiet von Stammes- und Dorffehden um Land und Wasser gezeichnet. Nun entwickelt die Befreiungsorganisation dieselben Züge:

- Islamische Kämpfer führen regelrechte Razzien gegen christliche Dörfer durch, weil die koptische Kirche von Haile Selassie als Propagandainstrument mißbraucht wird.
- Im 5. Militärbezirk läßt die Führung viele Kämpfer töten, weil sie anderen Volksstämmen angehören. Die Aufgliederung der Bezirke nach ethnischen Gesichtspunkten dient nicht dem nationalen Zusammenschluß. Im Gegenteil, sie treibt Keile zwischen Christen und Moslems und die verschiedenen ethnischen Gruppen.

- In dem Dorf Senbere werden Bauern getötet, die sich weigern, den Kämpfern den Tribut zu bezahlen.
- Einzelne Führer der Front bereichern sich durch Viehdiebstähle und eröffnen Bankkonten in Khartoum, investieren in Transport- und Bauunternehmen ...

Eine breite Bewegung von Christen und Moslems beginnt sich zu bilden. Sie fordert die Demokratisierung der Front.

Eine Welle von Verhaftungen und Hinrichtungen im Kampfgebiet findet statt. Zwischen 300 und 500 Kämpfer werden als »Verräter und Spione« erschossen. Es sind hauptsächlich die fortschrittlichen Kräfte. 1968 versammeln sich auf Initiative der Kommandeure von drei Distrikten zirka 2 500 Kämpfer in den Bergen und wählen Delegierte. In 22 Tagen Diskussion wählen diese eine neue Führung, verwerfen die alte Führung in Kassala. Aber sie erkennen immer noch den »Hohen Rat« in Kairo an. Sie versuchen, die Einheit herzustellen. Verhandlungen mit der alten Führung, die von den anderen zwei Militärdistrikten unterstützt wird, führen ein Jahr später zur Bildung eines vereinigten Generalkommandos.

Bei den Wahlen dazu erhält die alte Führung merkwürdigerweise wieder die Mehrheit. Sie verspricht die rasche Einberufung einer Nationalversammlung und die Untersuchung der Verbrechen der Vergangenheit. Die Vertreter der demokratischen Strömung bleiben in der Minderheit ...

Kurze Zeit später werden die Vertreter der Minderheit im Generalkommando ausgeschaltet und ins Gefängnis gesteckt. Die alte Führung etabliert sich wieder voll und mit ihr der Terror gegen diejenigen, die die ELF zu einer demokratischen Front machen wollen. Wieder Hinrichtungen und Verhaftungen gegen die linken Kräfte. Mehrere hundert Kämpfer ergeben sich resigniert den äthiopischen Truppen. Hunderte fliehen in den Sudan, andere ziehen sich bewaffnet in die Berge zurück. Sie betrachten den politischen Kampf um eine demokratische Veränderung innerhalb dieser ELF für gescheitert.

Die Folge der Unfähigkeit, die Einheit in demokratischer

Weise zu erhalten beziehungsweise herzustellen, ist die Spaltung. Der 1. Nationalkongreß der ELF findet im Oktober 1971 ohne die abgesplitterten Fraktionen statt. Diese gründen die Eritreische Volksbefreiungsfront EPLF. In ihrer Erklärung wird ausdrücklich hervorgehoben, daß sie nicht nur für die Befreiung Eritreas kämpfen, sondern diesen nationalen Unabhängigkeitskampf mit grundlegenden Änderungen der eritreischen Gesellschaft verbinden wollen. Die EPLF eint die eritreischen Linken und nimmt Bezug auf die demokratischen Forderungen der Arbeiter- und Studentenbewegung in der Zeit des Kampfes gegen die Föderation mit Äthiopien.

Die Spaltung der Bewegung

Die Führung der ELF tut nichts dazu, wenigstens den Versuch einer Einigung zu unternehmen. Im Gegenteil. Der 1. Nationalkongreß beschließt den Kampf gegen die Andersdenkenden, ruft auf zur Liquidierung der EPLF.

Zweieinhalb Jahre, von 1972 bis 1974, dauert der von der ELF ausgelöste Bürgerkrieg. Während sie an zwei Fronten kämpft, gegen die äthiopischen Truppen und die ELF, kann sich die EPLF durch den Zulauf aus der Bevölkerung stärken. In Untersuchungen und Schulungen entwickelt die EPLF ein sozialrevolutionäres Programm — in der Praxis gelingt es ihr, Moslems und Christen genauso anzusprechen wie Bauern, Arbeiter, Schüler und Studenten. Durch ein Waffenstillstandsabkommen wird 1974 der Bürgerkrieg beendet.

Parallel dazu gerät die äthiopische Gesellschaft in Bewegung. Eine ungeheure Hungersnot fordert Zigtausende von Opfern. Das Volk erhebt sich, um die arrogante Feudalherrschaft des Kaisers zu stürzen. Das Militär übernimmt die Initiative und setzt den Kaiser ab. Zunächst erscheint es, als ob der neu gebildete Rat der Militärs den Eritrea-Konflikt friedlich lösen wolle.

Im September kommt es wieder zu schweren Zusammenstößen der ELF und EPLF in der Nähe Asmaras. Tausende von Bürgern verlassen die Stadt und gehen zu den Kämpfern, zwischen die Fronten. Sie erzwingen ein Ende des Kampfes und verlangen die Versöhnung der Befreiungsfronten. Das Volk bleibt der Sieger und erreicht, daß der Dialog zwischen den zwei Fronten wieder aufgenommen wird. Das Nationalgefühl ist trotz jahrelanger brutaler Unterdrückung größer denn je.

Als im Dezember 1974 die äthiopische Militärregierung eine großangelegte Offensive gegen die Befreiungsbewegungen startet, vereinbaren ELF und EPLF ein koordiniertes Vorgehen gegen den Feind.

1975 kontrollieren sie nahezu das gesamte Land. Die äthiopische Armee kann nur noch die großen Städte halten. Der greifbar nahe Sieg wird durch die Intervention der UdSSR vereitelt. Sowjetische Kriegsschiffe greifen in den Kampf um Massawa ein. Das äthiopische Militärregime startet mit massiver sowjetischer Hilfe und Militärberatern eine Großoffensive gegen die Befreiungskämpfer. Aus dem Versuch, sich dieser Offensive zu stellen, geht die ELF militärisch nahezu zerschlagen hervor. Sie verliert alle Gebiete, und die internen Auseinandersetzungen spitzen sich so zu, daß die Organisation mehr und mehr zerfällt.

Heute von der Existenz der ELF zu sprechen, die bis 1978 in Eritrea kämpfte, ist nicht möglich. Inzwischen gibt es mehr als zehn Splittergruppen, die sich ELF nennen, sich gegenseitig bekämpfen, zum Teil mit den äthiopischen Militärs kollaborieren. Ihr Einfluß ist militärisch wie politisch sehr gering.

Verbunden mit dem Volk

Die EPLF kann sich dagegen durch den strategischen Rückzug in die Berge ihre militärische Kraft bewahren und die politische Einheit stärken. In den befreiten Gebieten wird an die Verwirklichung des politischen Programms gegangen, und in den vergangenen Jahren kann die EPLF zahlreiche Offensiven der äthiopischen Armee zurückschlagen. 1980 und

1981 gibt es nochmals kriegerische Auseinandersetzungen mit Splitterorganisationen der ELF, die aber mit der Vertreibung der ELF aus Eritrea enden.

Über 90 Prozent des eritreischen Territoriums sind seit Beginn der Offensive der EPLF im Frühjahr 1988 unter der Kontrolle und Verwaltung der Befreiungsfront, die äthiopische Armee ist kriegsmüde und in den Städten eingeschlossen.

In den zwölf Jahren des Befreiungskampfes ist die EPLF seit ihrem Bestehen nicht nur die militärisch stärkste Kraft geworden. Sie ist in den befreiten Gebieten Eritreas zu einer Staatsmacht auf Abruf geworden.

Die Geschichte hat gezeigt, daß die EPLF es besser verstanden hat, sich mit der Bevölkerung zu verbinden. Die Gründe liegen in dem sozialrevolutionären Programm der EPLF und dem hohen politischen Bewußtsein der EPLF-Kämpfer. Ohne die Verbindung mit der Bevölkerung hätte auch die EPLF einen so lange dauernden zermürbenden Krieg nicht durchhalten können.

Mit der Aufnahme von Verhandlungen zwischen der EPLF und der größten Gruppe der alten ELF, der ELF-Central Leadership (CL), beginnt ein erfolgreicher Vereinigungsprozeß. Vier Jahre gemeinsame politische Arbeit und gemeinsamer Kampf enden 1987 in der Vereinigung beider Organisationen im 2. Volkskongreß der EPLF. Eine Einheit, die im gemeinsamen Kampf erzielt wurde.

Auf diesem 2. Volkskongreß gibt sich die EPLF ein neues Programm. Es sieht für die Unabhängigkeit die Einführung eines Mehrparteiensystems und demokratische Wahlen in Eritrea vor. Ebenso ist die Garantie der Bürgerrechte wie Meinungs-, Presse-, Versammlungs- und Demonstrationsrecht sowie das Recht auf freie Religionsausübung gewährleistet. Für den Wirtschaftssektor strebt die EPLF eine gemischte Privat- und Staatswirtschaft an.

Was die große Anziehungskraft und den großen Einfluß der EPLF in der Bevölkerung ausmacht, ist gerade die flexible, immer am Bewußtseinsstand der Bevölkerung orientierte

Arbeit. Politische Veränderung im Eritrea der EPLF findet nicht von oben herab statt, sondern basiert auf geduldiger, schrittweiser Überzeugung der Bevölkerung.

Die führenden Kader der EPLF führen in Eritrea ein Leben wie jeder andere auch. Ich habe sie als höchst bescheidene, aber tat- und überzeugungskräftige Menschen kennengelernt. Das von Kommentatoren der Massenmedien hierzulande verbreitete Bild der EPLF als Banditen und Rebellen hält vor der Wirklichkeit nicht stand.

Anhang

Zeittafel

1. Vorkoloniale Geschichte

2. Jh. v. Chr.	Gründung von Stadtstaaten im heutigen Eritrea und Nordäthiopien durch semitische Einwanderer. Zentrum ist Aksum im heutigen Tigrai. Mit dem Hafen Adulis wird Aksum eine der größten Mächte der damaligen Welt.
4. Jh. n. Chr.	Aksum am Höhepunkt seiner Macht; Ausdehnung des Reiches bis zum heutigen Jemen und dem Nordosten des Sudan.
710	Zerstörung von Adulis durch die islamische Expansion, Beginn des Niedergangs Aksums.
750	Entstehung von fünf unabhängigen Königreichen im heutigen Eritrea: Belgin, Negash, Bazin, Jarin und Quaita'a.
1400	Bahri Negassi regiert in Medri Bahri (Land am Meer), dem heutigen Eritrea. Grenzlinie zu Abessinien ist der Mereb-Fluß.
1500	Ottomanische Invasion beginnt, 1557 wird Massawa besetzt.
1869	Die italienische Societate Rubattino erwirbt die Bucht von Assab.
1870	Übergabe des Territoriums durch die ottomanischen Besatzer an die ägyptischen Khediven.
1875	Ägypten erhält vertraglich die früheren türkischen Einflußgebiete.
1876	Besetzung von Teilen des eritreischen Hochlands durch den Herrscher Tigrais, Johannes IV. Der selbsternannte »König der Könige« von Abessinien rivalisiert mit Menelik II., dem Shoa-König.
1880	Assab und Umgebung geraten unter staatliche italienische Verwaltung.
1881	Erklärung dieser Gebiete zur italienischen Kolonie.
1885	Rückzug der Ägypter nach Niederlagen gegen die sudanesische Mahdi-Armee. Johannes IV. besetzt Keren. Besetzung Massawas durch Italien und Ausdehnung der Herrschaft über die gesamte Rotmeerküste, mit Billigung Englands.
1887	Niederlage der italienischen Kolonialisten gegen die Armee Johannes IV. bei Dogali.

1888	Besetzung Kerens und Asmaras durch Italien. Rückzug Johannes IV. aus dem eritreischen Hochland, bedrängt durch die Mahdisten.
1889	Tod Johannes IV., Menelik II. wird neuer abessinischer Kaiser. Er anerkennt im Vertrag von Uichale die italienischen Besitzungen und die Grenze zu Abessinien am Merab-Fluß.
1890	1. Januar: Erklärung der Eroberungen an der Rotmeerküste zur Kolonie Eritrea durch Italien.

2. Chronologie des Befreiungskampfes

1961–1965	Beginn und Ausweitung der Guerillatätigkeit. Stärkung der Bewegung durch zunehmende Unterdrückung und brutale Strafmaßnahmen der äthiopischen Armee. Hauptträger sind islamische Bewohner des Tieflandes.
1965–1970	Erste große Offensive der äthiopischen Armee. 60 000 Flüchtlinge in den Sudan, 120 niedergebrannte Dörfer im westlichen Tiefland.
1970	Spaltung der Bewegung in ELF und EPLF.
1970–1974	Versuch der ELF, die EPLF militärisch zu vernichten, führt zur Stärkung der EPLF. Fortan existieren zwei Befreiungsfronten. Erfolglose Bemühungen der äthiopischen Armee trotz massiver amerikanischer und israelischer Hilfe, die Befreiungsbewegungen zu besiegen. Verstärkter Terror gegen die Zivilbevölkerung.
1974	Ende des Bürgerkrieges. Sturz Haile Selassies. Machtübernahme durch das Militär. Mengistu Haile Mariam übernimmt die Macht, ein Verfechter der »harten Linie« gegen eritreische Freiheitswünsche.
1975–1977	Erneutes Entflammen des Bürgerkriegs. Massiver Zulauf zu den gemeinsam gegen die äthiopischen Besatzer kämpfenden Befreiungsorganisationen.
1977	Januar: 1. Volkskongreß der EPLF. Ende 1977: Kontrolle fast des ganzen Landes durch die Befreiungsfronten. Einkreisung der äthiopischen Armee in wenigen Städten. Der Sieg scheint nahe.
1978	Intervention der Sowjetunion, nachdem sich die Militärs zu »Sozialisten« erklärt haben. Einrichtung von sowjetischen Militärstützpunkten am Roten Meer. Großoffensive gegen die Befreiungsbewegungen mit massiver sowjetischer Hilfe. Militärische Niederlage der ELF. Strategischer Rückzug der

EPLF in vorbereitete Stellungen im Norden Eritreas. Strategisch günstige Position in den Bergen gegenüber den aus dem Tal angreifenden äthiopischen Truppen. Feste Frontlinien bilden sich vor Nakfa und Alghena. Stopp der äthiopischen Offensive unter großen Verlusten, Beginn des Stellungskriegs.

1979—1983 Scheitern von fünf Offensiven der äthiopischen Armee unter großen Verlusten.

1980 Friedensvorschlag der EPLF, das eritreische Volk solle über seine Unabhängigkeit selbst entscheiden, wird vom äthiopischen Militärrat abgelehnt.

1980/1981 Erneute Zusammenstöße mit der ELF enden mit deren Abdrängung in den Sudan.

Größte Niederlage der äthiopischen Armee seit Beginn des Befreiungskampfes in der Offensive »Roter Stern«, groß angekündigt als endgültige Zerschlagung der »Banditen in Eritrea«.

Verstärkte Guerillaaktivitäten der EPLF zwischen den Offensiven, aber auch Ausbau des Untergrundnetzes und Verbesserung der Infrastruktur in den befreiten Gebieten.

1984 Hunderttausende am Rande des Todes durch eine Hungersnot. Äußerst kritische Versorgungslage in den befreiten Gebieten, trotz Hilfe der ERA. Ablehnung eines Waffenstillstandsabkommens zur Versorgung der Hungernden seitens der äthiopischen Militärs. Statt dessen Intensivierung des Bombardements der Zivilbevölkerung.

Befreiung Westeritreas und der Stadt Tessenei, Fall der Nord-Ost-Sahel-Front. Kontrolle von 120 Kilometern Küste am Roten Meer durch die EPLF. Befreiung der Stadt Barentu. Erbeutung ungeheurer Waffenmengen in den Kämpfen. Sprengung des Militärflughafens von Asmara durch ein Kommando der EPLF, Vernichtung von 35 Flugzeugen, Treibstoff und Bombendepots. Zunehmende Gueriallaaktivitäten im ganzen Land. Die äthiopische Armee in der Defensive aufgrund schwerer materieller Verluste und moralischer Verunsicherung.

1985 Scheitern der achten (!) äthiopischen Großoffensive an den Stellungen der EPLF, die sich aus den Städten wieder in die alten Stellungen zurückgezogen hat.

1985—1988 Wendepunkt im Befreiungskampf. Initiative bei der EPLF, wachsende Kriegsmüdigkeit und Unruhe in der äthiopischen Armee. Die EPLF verstärkt zugleich den inneren Aufbau. März 1987: 2. Volkskongreß der EPLF, Vereinigung mit der

ELF-CL, der stärksten Fraktion der zerfallenen ELF, nach mehrjähriger Zusammenarbeit.

Ausrufung der »Volksdemokratischen Republik Äthiopien« ohne Änderung der Politik.

Dezember 1987: Beginn massiver Angriffe der EPLA gegen die äthiopischen Stellungen.

1988 Erfolgreiche Offensive der EPLF führt zum Verlust der Kontrolle der äthiopischen Armee über ganz Eritrea mit Ausnahme der Städte Asmara, Keren, Massawa und Assab.

Koordinierung des Kampfes verschiedener Befreiungsbewegungen und Oppositionsgruppen gegen das äthiopische Regime. Sieg der TPLF in Tigray über die äthiopische Armee mit Unterstützung der EPLF.

Ende 1988: Ganz Tigray ist unter Kontrolle der TPLF. In Eritrea können die Truppen nur noch aus der Luft und übers Meer versorgt werden.

1989 Verstärkter Terror des äthiopischen Regimes gegen die Zivilbevölkerung nach der militärischen Niederlage. Ermordung von 400 Zivilisten beim Massaker von She-Eb. Flucht von über 300 000 Eritreern in die befreiten Gebiete.

Wachsende Unruhe in der äthiopischen Armee. Wirtschaftlicher Ruin des Landes durch Kriegsauswirkungen und Zwangsrekrutierungen. Verstärkte Rufe nach einer friedlichen Lösung in der Armee. Gescheiterter Putschversuch gegen Mengistu. Truppenteile bekämpfen sich gegenseitig in den eritreischen Städten. Höhepunkt der Destabilisierung des äthiopischen Regimes. Die Shengo (Parlament) führt erstmals eine Sondersitzung durch und bietet Verhandlungen ohne Vorbedingungen an.

Vorbereitende Gespräche unter Vorsitz des Ex-US-Präsidenten Carter. Durchbrechung der außenpolitischen Isolation der EPLF.

Herbst 1989 Meldungen der ERA über eine bevorstehende Hungersnot in Eritrea. 90 Prozent Ernteausfall durch Krieg und Regenmangel. Bedrohung für mehr als 1 800 000 Menschen. Behinderung der Hilfe für die Dürreopfer durch das äthiopische Regime, Verweigerung des Zugangs in die befreiten Gebiete für internationale Hilfsorganisationen. Versorgung der Hungernden in Eritrea und Tigray ausschließlich durch die Befreiungsorganisationen.

Nachschubprobleme des Mengisturegimes an Waffen durch die Entwicklungen beim bisherigen Hauptlieferanten DDR. Lieferungen des »neuen Verbündeten Israel« sind kein hin-

	reichender Ersatz.
Januar 1990	Erneute Eskalation des Kriegs. Schwere Niederlagen für die äthiopischen Truppen durch die EPDRF (Zusammenschluß von TPLF und EPDM).
	Anhaltende Ablehnung der äthiopischen Regierung, mit den Befreiungsorganisationen einen Korridor zur Versorgung der Hungernden zu vereinbaren.
Februar 1990	Zuspitzung der Kämpfe in Eritrea. Vorbereitungen einer neuen Offensive der äthiopischen Armee bei gleichzeitiger Blockade von Friedensverhandlungen. Massive Zwangsrekrutierungen in Äthiopien.
	Offensive der EPLF durchkreuzt den äthiopischen Angriffsplan. 7.—10. Februar: Einnahme der Hafenstadt Massawa, Versenkung von neun Kriegsschiffen und Vereitelung der Rückeroberung. Einschluß der äthiopischen Truppen in Eritrea im Raum Keren und Asmara, Versorgung nur noch durch die Luft möglich.
	Abbruch der vorbereitenden Gespräche zu Friedensverhandlungen. Addis Abeba lehnt entgegen der Vereinbarungen in Nairobi die Beteiligung der UNO ab.
	Beginn des Rückzugs sowjetischer Militärberater.
März 1990	Mengistu kündigt politische Reformen an. Die äthiopische Arbeiterpartei wird in die Einheitspartei umgetauft. Die Wirtschaft soll marktwirtschaftlich umorganisiert werden.
	In Eritrea weiter schwere Niederlagen der äthiopischen Armee. Welle von Zwangsrekrutierungen in Äthiopien.
April 1990	Massawa soll Ausgangspunkt für einen Korridor zur Versorgung der hungernden Bevölkerung in beiden Teilen Eritreas, den freien wie besetzten Gebieten, werden. Die Forderung internationaler Hilfsorganisationen entspricht dem Angebot der EPLF. Mengistu lehnt ab. Unter Protest weist Mengistu einen Vermittlungsversuch der UNO zurück. Zwölf Piloten der äthiopischen Luftwaffe fliehen in den Jemen.
	Am 26. April nimmt die EPLF Adi Caie und Digsa ein, der Ring um Asmara und Keren schließt sich enger.
Mai 1990	Hinrichtung von zwölf in den Putsch gegen Mengistu verwickelten Offizieren in Addis Abeba.
	Die äthiopische Luftwaffe bombardiert in erheblichem Ausmaß zivile Ziele in Eritrea.

Dokumente

Dokument 1
Die UN-Resolution über Eritrea von 1950

Resolution 390 A (V), »Eritrea: Bericht der Kommission der UN für Eritrea; Bericht des Unterausschusses der Generalversammlung über den Bericht der UN-Kommission für Eritrea«, angenommen von der 5. Generalversammlung der UN, 316. Plenarsitzung, 2. 12. 1950.

In § 3, Anhang XI des Friedensvertrages mit Italien von 1947 haben die beteiligten Mächte sich dahingehend geeinigt, die Empfehlungen der Generalversammlung über die Behandlung der früheren italienischen Kolonien in Afrika zu akzeptieren und geeignete Maßnahmen einzusetzen, um sie wirksam werden zu lassen.

Nach § 2 des genannten Anhangs XI soll diese Behandlung unter dem Aspekt der Wünsche und des Allgemeinwohls der Einwohner sowie der Erfordernisse von Frieden und Sicherheit getroffen und dabei die Ansichten betroffener Regierungen berücksichtigt werden.

— Angesichts der Berichte der UN-Kommission für Eritrea und des Unterausschusses und in Anbetracht

  a) der Wünsche und des Allgemeinwohls der Einwohner Eritreas, einschließlich der Ansichten der verschiedenen rassischen, religiösen und politischen Gruppierungen der Provinzen des Territoriums und der Fähigkeit des Volkes zur Selbstverwaltung,

  b) der Erfordernisse von Frieden und Sicherheit in Ostafrika

  c) der Rechte und Ansprüche Äthiopiens, die auf geographischen, historischen, ethnischen oder wirtschaftlichen Gründen basieren, insbesondere einschließlich des berechtigten Bedürfnisses Äthiopiens nach einem ausreichenden Zugang zur See;

— unter Berücksichtigung der Bedeutung, welche eine beständige Zusammenarbeit der ausländischen Staaten für die wirtschaftliche Entwicklung Eritreas besitzt;

— in der Erkenntnis, daß die Verfügung über Eritrea auf seiner engen politischen und wirtschaftlichen Verbindung zu Äthiopien basieren sollte; und

  in dem Wunsch, daß diese Verbindung für die Einwohner Eritreas die vollkommene Anerkennung und Sicherung ihrer Einrichtungen, Traditionen, Religionen und Sprachen verbürgt, ebenso wie das größtmögliche Maß an Selbstverwaltung, während sie gleichzeitig die Verfassung, Einrichtungen, Traditionen und den internationalen Status und die Identität des Kaiserreichs Äthiopien anerkennt,

empfiehlt nunmehr die Generalversammlung:

1. Eritrea soll eine autonome Einheit in einer Föderation mit Äthiopien und unter der Souveränität der äthiopischen Krone bilden.
2. Die eritreische Regierung soll gesetzgebende, exekutive und richterliche Gewalt in inneren Angelegenheiten besitzen.
3. Die Rechtsprechung der Bundesregierung soll sich auf folgende Gebiete erstrecken: Verteidigung, Außenpolitik, Währung und Finanzen, Außen- und zwischenstaatlichen

Handel und äußere und zwischenstaatliche Kommunikation, einschließlich der Häfen. Die Bundesregierung soll die Vollmacht zur Aufrechterhaltung der Unverletzlichkeit der Föderation besitzen ebenso wie das Recht, für die gesamte Föderation einheitliche Steuern festzusetzen, um die Kosten für die föderativen Aufgaben und Dienste zu bestreiten; selbstverständlich sind die Schätzung und Erhebung derartiger Steuern in Eritrea der eritreischen Regierung zu übertragen und ist zu beachten, daß Eritrea seinen gerechten und angemessenen Anteil an diesen Kosten trägt. Die Rechtsprechung der eritreischen Regierung soll sich auf alle anderen Angelegenheiten erstrecken, einschließlich der Vollmacht, eine innere Polizei zu unterhalten, Steuern für die Bestreitung der Kosten für innere Aufgaben und Dienste zu erheben und über ihren eigenen Etat zu beschließen.

4. Das Gebiet der Föderation soll ein einheitliches Zollgebiet bilden, ohne Hindernisse für freien Waren- und Personenverkehr innerhalb dieses Gebietes. Die Zollgebühren für Waren, die entweder in die Föderation eingeführt werden oder sie verlassen und ihren Bestimmungsort oder ihren Ursprung in Eritrea haben, sollen Eritrea zugewiesen werden.

5. Ein Kaiserliches Bundeskonzil, zusammengesetzt zu gleichen Teilen aus äthiopischen und eritreischen Vertretern, soll mindestens einmal jährlich zusammentreten, um über die gemeinsamen Angelegenheiten der Föderation, die im obigen § 3 benannt werden, zu beraten. Die Bürger von Eritrea sollen an den exekutiven und rechtsprechenden Organen der Bundesregierung beteiligt und in den legislativen Organen vertreten sein, und zwar in Übereinstimmung mit dem Gesetz und in dem Verhältnis, das die Bevölkerung Eritreas zur Bevölkerung der Föderation darstellt.

6. Eine einzige Staatsangehörigkeit soll für die gesamte Föderation gelten:

a) alle Einwohner Eritreas, außer Personen ausländischer Staatszugehörigkeit, sollen Staatsbürger der Föderation sein;

b) alle Einwohner, die selbst in Eritrea geboren sind und *einen* einheimischen Eltern- oder Großelternteil haben, sollen ebenfalls Staatsbürger der Föderation sein. Falls solche Personen eine ausländische Staatsbürgerschaft besitzen, soll es ihnen freigestellt sein, sich innerhalb von 6 Monaten nach Inkrafttreten der eritreischen Verfassung für den Verzicht auf die Staatsbürgerschaft der Föderation zu entscheiden und die ausländische Staatszugehörigkeit zu behalten;

c) die Voraussetzungen, gemäß denen Personen die Staatsbürgerschaft nach Unterpunkt a und b (s. oben) erhalten, um ihre staatsbürgerlichen Rechte in Eritrea auszuüben, sollen durch die Verfassung und Gesetze über Eritrea festgelegt werden;

d) alle Personen ausländischer Nationalität, die vor dem Datum der Annahme der vorliegenden Resolution bereits 10 Jahre in Eritrea gewohnt haben, sollen das Recht haben, ohne weiteren Nachweis des Wohnorts, die Staatsbürgerschaft der Föderation in Übereinstimmung mit den Bundesgesetzen zu beantragen. Personen, die nicht auf diesem Wege die Staatsbürgerschaft der Föderation erhalten, soll es erlaubt sein, in Eritrea zu wohnen und dort friedlichen und gesetzlichen Tätigkeiten nachzugehen. Die Rechte und Interessen ausländischer Staatsbürger, die in Eritrea wohnen, sollen in Übereinstimmung mit den Bedingungen des § 7 garantiert werden.

7. Die Bundesregierung ebenso wie Eritrea sollen den Einwohnern von Eritrea ohne Unterscheidung nach Nationalität, Rasse, Geschlecht, Sprache oder Religion den Genuß der Menschenrechte und grundlegenden Freiheiten zusichern, einschließlich der folgenden:

   a) Das Recht auf Gleichheit vor dem Gesetz. Es soll keine Diskriminierung von bestehenden ausländischen Unternehmungen in Eritrea geben, die im industriellen, kommerziellen, pädagogischen oder caritativen Bereich tätig sind, noch von Bankinstituten und Versicherungen, die in Eritrea arbeiten.

   b) Das Recht auf Leben, Freiheit und Sicherheit der Person.

   c) Das Recht, Eigentum zu besitzen und darüber zu verfügen. Niemandem soll Eigentum weggenommen werden, einschließlich der Rechte an Verträgen, ohne entsprechendes Gesetzesverfahren und ohne Zahlung einer gerechten und wirksamen Entschädigung.

   d) Das Recht auf Meinungs- und Redefreiheit und das Recht, jeden beliebigen Glauben oder jede beliebige Religion anzunehmen und auszuüben.

   e) Das Recht auf Ausbildung.

   f) Das Recht auf die Freiheit zu friedlicher Versammlung und Verbindung.

   g) Das Recht auf die Unantastbarkeit von Post und Wohnsitz, wie es gesetzlich geregelt ist.

   h) Das Recht auf freie Berufsausübung, wie es gesetzlich geregelt ist.

   i) Niemand soll ohne Anordnung einer zuständigen Autorität festgenommen oder gefangengehalten werden, außer im Fall einer flagranten und schwerwiegenden Verletzung eines bestehenden Gesetzes. Niemand soll deportiert werden, außer in Übereinstimmung mit dem Gesetz.

   j) Das Recht auf ein faires und gerechtes Gerichtsverfahren, das Recht auf Petition an den Kaiser und das Recht, um Umwandlung von Todesurteilen an den Kaiser zu appellieren.

   k) Rückwirkende Geltung des Strafrechts soll ausgeschlossen sein.

   Die Achtung vor den Rechten und Freiheiten anderer und die Belange der öffentlichen Ordnung und des Allgemeinwohls allein rechtfertigen Einschränkungen der obengenannten Rechte.

8. Die Paragraphen 1 bis 7 (einschließlich) der vorliegenden Resolution sollen den Föderationsvertrag darstellen, der dem Kaiser von Äthiopien zur Ratifizierung vorgelegt werden soll. (. . .)

(Anmerkung:
Dokumentiert wurden hier nur die ersten 8 Punkte der Resolution. Sie beinhalten das Wesentliche.)

Dokument 2
Der Standpunkt der Sowjetunion zur Eritreafrage vor der UNO 1950

Die Delegation der UdSSR möchte ihr Abstimmungsverhalten gegenüber den verschiedenen Resolutionsentwürfen erklären. (...) Drei Resolutionsentwürfe sind der Generalversammlung zur Eritrea-Frage vorgelegt worden: der Resolutionsentwurf der Sowjetunion (A/1570), der vorsieht, daß Eritrea sofort die Unabhängigkeit gewährt wird; ein Resolutionsentwurf Polens (A/1564), der die Unabhängigkeit Eritreas nach drei Jahren vorsieht; und ein Resolutionsentwurf des Sonderausschusses, der eine Föderation Eritreas mit Äthiopien vorsieht.

Die UdSSR hat immer den Vorschlag unterstützt, daß Eritrea die Unabhängigkeit gewährt wird, und hat dies auch auf der laufenden Sitzung getan. Wir gründen unsere Argumentation auf die Tatsache, daß alle Völker ein Recht auf Selbstbestimmung und nationale Unabhängigkeit haben.

Der nationale Befreiungskampf der kolonial unterdrückten und abhängigen Völker für Unabhängigkeit und Freiheit hat infolge des Zweiten Weltkriegs an Stärke gewonnen. Das Kolonialsystem ist in einer akuten Krise. Folglich müssen die Vereinten Nationen über das Schicksal Eritreas — eine der ehemaligen italienischen Kolonien — einen Beschluß fassen, der das Streben des eritreischen Volkes nach Unabhängigkeit und Freiheit von nationaler Unterdrückung befriedigt. Die Generalversammlung kann keinen Handel der Kolonialmächte auf Kosten des eritreischen Volkes hinnehmen.

Unter diesen Umständen ist die einzige Lösung des Problems der Zukunft Eritreas seine Unabhängigkeit. Und es muß an dieser Stelle gesagt werden, daß die Aufrechterhaltung britischer Verwaltung für welchen Zeitraum auch immer schädlich für die Entwicklung Eritreas ist.

Die Situation in Eritrea hat sich unter britischer Verwaltung beträchtlich verschlechtert. Im Bericht der Eritrea-Kommissionen der Vereinten Nationen, im Memorandum der Delegationen Guatemalas und Pakistans, werden bedeutende Tatsachen angeführt, die das beweisen. In dem Memorandum wird folgender Schluß aus der Prüfung und Analyse dieser Tatsachen gezogen: »Im letzten Jahrzehnt ist nichts getan worden für die ökonomische Entwicklung des Territoriums, im Gegenteil«, d. h. viel ist getan worden zur Verschlechterung der Situation. Eritrea darf nicht länger unter Verwaltung des Vereinigten Königreichs bleiben, das eine Politik mit dem Ziel der Verschlechterung der Lage in Eritrea betreibt. Jede weitere Verschlechterung der Lage in Eritrea kann verhindert werden, indem sofort die Unabhängigkeit gewährt wird, die die Mehrheit der Bevölkerung Eritreas selbst fordert. Das Memorandum, das ich bereits zitierte, stellt fest: »Die große Mehrheit der Bevölkerung der östlichen und westlichen Ebenen und Gruppen unterschiedlicher Bedeutung im Hochland wünschten die sofortige Unabhängigkeit.«

Die Argumente gegen den Vorschlag, daß Eritrea sofortige Unabhängigkeit gewährt werden soll, sind die gleichen, die gewöhnlich angeführt werden zur Verteidigung des Kolonialsystems. Es ist zum Beispiel geäußert worden, Eritrea sei ein rückständiges Land und nicht reif für die Unabhängigkeit; ein unabhängiges Eritrea sei nicht in der Lage, seine eigene unabhängige ökonomische Entwicklung zu sichern und, wie der Vertreter des Vereinigten Königreichs auf den Treffen des Sonderausschusses sagte, die Unabhängigkeit Eritreas würde zu politischem Chaos führen. Wir sehen, es sind die üblichen Argumente zur Verteidigung des Kolonialsystems.

Ich kenne kein einziges Beispiel in der Geschichte, wo ein unterdrücktes Land seine Unabhängigkeit gewonnen hätte ohne konfrontiert worden zu sein mit der Behauptung, es sei nicht reif für die Unabhängigkeit.

Die Generalversammlung kann Argumenten dieser Art keine Bedeutung beimessen. Im Gegenteil, sie sollte sie zurückweisen und die sofortige Unabhängigkeit für Eritrea beschließen. Außerdem sollen die britischen Besatzertruppen in einem Zeitraum von drei Monaten zurückgezogen werden, beginnend mit dem Tag, an dem die Generalversammlung den Beschluß faßt, Eritrea die sofortige Unabhängigkeit zu gewähren. Die Aufrechterhaltung der britischen Besatzung in Eritrea ist absolut ungerechtfertig und unvereinbar sowohl mit den nationalen Interessen Eritreas selbst als auch mit den grundlegenden Prinzipien und Zielen der Vereinten Nationen.

Es ist folgerichtig, daß die Delegation der UdSSR den Vorschlag einer Föderation Eritreas mit einem anderen Staat ablehnt, da eine derartige Föderation das Recht des eritreischen Volkes auf Selbstbestimmung mißachten würde, indem sie Eritrea an der Ausübung dieses Rechts hindert. Die Delegation der Sowjetunion gründet ihre Position auf die Tatsache, daß ein derartiger Beschluß dem eritreischen Volk ohne dessen Einwilligung aufgezwungen werden soll und daher das grundlegende Recht eines Volkes auf Selbstbestimmung verletzt.

Eine Reihe von Rednern hier hat Föderationen als eine Kompromißlösung bezeichnet. Die Delegation der UdSSR ist der Meinung, daß, sollte eine Föderation wirklich ein Kompromiß sein, es sich um einen Kompromiß der Kolonialmächte untereinander handelt. Er soll dem eritreischen Volk und auch Äthiopien aufgezwungen werden, und er wird für Äthiopien gleichermaßen unbefriedigend sein.

In Wirklichkeit ist diese Lösung nicht die Art Kompromiß, die von der Generalversammlung vorgeschlagen werden sollte. Erstens, wie kann man von einem Kompromiß reden, wenn dieser beschlossen wurde ohne Beteiligung der betroffenen Völker, hier, ohne Beteiligung Eritreas? Darüber hinaus entspricht er nicht den Wünschen des eritreischen Volkes, sondern ist gegen seine Interessen gerichtet, verletzt sein vitalstes, grundlegendes Recht — das Recht auf Selbstbestimmung. Eine Föderation kann deshalb nicht als Kompromiß bezeichnet werden. In Wirklichkeit ist der Vorschlag Ausdruck der Übereinstimmung unter den Kolonialmächten über eine Neuaufteilung der ehemaligen Kolonien Italiens.

Uns wurde gesagt, ein Teil der Bevölkerung Eritreas sei für eine Föderation. Selbst wenn das so wäre, sollte allein das eritreische Volk diese Frage entscheiden und nicht irgendeine internationale Organisation. Auf keinen Fall kann das entschieden werden durch ein Übereinkommen zwischen den Kolonialmächten. Die Lösung der Föderation ist in der Tat aufgebracht worden durch die Kolonialmächte, unter Führung der Vereinigten Staaten.

Die Idee einer Föderation wurde von den Vereinigten Staaten auf der letzten Sitzung der Generalversammlung vorgebracht. Diese Tatsache an sich beweist, daß das Problem nicht im Interesse des eritreischen Volkes gelöst werden soll. In der letzten Zeit sind die Vereinigten Staaten zur vorherrschenden Macht in Afrika geworden und bestimmen über die Kolonialpolitik der verschiedenen Staaten auf diesem Kontinent. Eine amerikanische Zeitschrift, »The Sunday Compass« vom 19. November 1950, schreibt über die kolonialen Interessen der Vereinigten Staaten in Afrika: »Obwohl die Vereinigten Staaten keine Kolonien in Afrika besitzen, sind sie heute die vorherrschende Macht in Afrika. Und sie nutzen ihre Macht, nicht zur Förderung und Unterstützung des Antikolonialismus in Afrika, sondern zur Stärkung und Ausweitung der alten kolonialen Verhältnisse. Der Handel, den sie gebracht haben, hat die Umleitung der Profite von London und Paris nach New York bewirkt.« Die Vereinigten Staaten sind die vorherrschende Macht geworden, sie haben die Führung bei der kolonialen Unterjochung und Ausbeutung der Völker Afrikas, und der Vorschlag einer Föderation, der von der Delegation der Vereinigten Staaten eingebracht wurde, spiegelt die Interessen der kolonialen Mächte, an erster Stelle der USA, wider.

Die Delegation der UdSSR kann deshalb den Vorschlag einer Föderation nicht unterstützen, der Ausdruck des Kampfes der kolonialen Mächte untereinander um eine Neuaufteilung der ehemaligen italienischen Kolonien ist. Die Delegation der UdSSR appelliert an alle übrigen Delegationen, für die Unabhängigkeit Eritreas zu stimmen, die die gerechte Lösung des Problems ist. Ein unabhängiges Eritrea hätte das Recht, über alle Fragen bezüglich seiner Beziehungen zu Nachbarstaaten zu entscheiden.

Unter Würdigung all dieser Umstände dringt die Delegation der UdSSR auf eine Entscheidung, die Eritrea die sofortige Unabhängigkeit gewährt, die den Abzug der britischen Okkupationstruppen aus Eritrea innerhalb drei Monaten bedeutet und Äthiopien Zugang zum Meer über den Hafen von Assab gibt.

Dies sind die Prinzipien, von denen die Delegation der Sowjetunion sich leiten läßt bei der Abstimmung über die drei Resolutionsentwürfe, die die Frage der Zukunft Eritreas behandeln.

(Quelle: Memorandum der EPLF, Büro der EPLF in Rom, dtsch. Übersetzung, März 1979, S. 15—17)

Dokument 3
Das nationale demokratische Programm der Eritreischen Volksbefreiungsfront (EPLF)

I. Ziele
Errichtung einer demokratischen Volksregierung

A. Beseitigung aller gegen die Demokratie und gegen die nationalen Interessen Eritreas gerichteten Herrschaftsinstitutionen sowie Annullierung aller Militär-, Wirtschafts- und politischen Verträge, die vom Kolonialregime Äthiopien in bezug auf Eritrea geschlossen wurden.

B. Schaffung eines Staates, der nicht den Interessen ausländischer Mächte, sondern den Interessen des eritreischen Volkes dient.
C. Schaffung eines Parlamentes, das durch einen demokratischen Prozeß gewählt wird. Dieses Volksparlament beschließt Grund- und Verfassungsgesetze, gibt Leitlinien, ratifiziert Verträge, wählt Verantwortliche sowohl für die Volksexekutive als auch für die Judikative.
D. Schutz des Rechtes auf Meinungs-, Presse-, Versammlungs-, Religions- und Demonstrationsfreiheit. Alle Bürger haben das Recht, politische Parteien, Arbeiter-, Bauern-, Frauen-, Studenten-, Jugend- sowie gewerkschaftliche Organisationen zu bilden.
E. Bewahrung der Gleichheit aller Eritreer vor dem Gesetz, unabhängig von ethnischer Zugehörigkeit, Geschlecht, regionaler Herkunft, Bildung, Beruf, gesellschaftlicher Position, Besitz und Religion.
F. Scharfe Bestrafung von Bürgern, die als Vasallen der äthiopischen Herrschaft ihrem Land und Volk Schaden zugefügt haben.

II. Aufbau einer geplanten nationalen Wirtschaft mit dem Prinzip des Vertrauens auf eigene Kraft und Unabhängigkeit

Beim Aufbau der Wirtschaft sollen sich in der Landwirtschaft und Industrie staatliche und private Initiative frei entfalten. Schlüsselsektor der Wirtschaft ist der Staat. Investitionen von einheimischem Kapital in den Privatsektor und ausländischem Kapital in den Staatssektor sind erlaubt und sollen gefördert werden.

A. Landwirtschaft

1. Alle Ländereien, die sich in äthiopischer Hand befinden, sollen zum Wohle des eritreischen Volkes genutzt werden.
2. Großfarmen, die den Einsatz von moderner Technik erfordern, sollen in Staatsbesitz übergehen und im Interesse des Allgemeinwohls verwaltet werden.
3. Eine gerechte Landreform und Verteilung soll zum Nutzen derer durchgeführt werden, die das Land bebauen.
4. Eritreische Bauern sollen zur Anwendung moderner landwirtschaftlicher Technik ermutigt und mit der Anwendung vertraut gemacht werden. Dazu sollen Experten, veterinäre Vorsorge, Düngemittel, Brunnen, Dämme, Transport- sowie Finanzmittel zur Verfügung gestellt werden. Mit derartigen Maßnahmen sollen die Arbeits- und Lebensbedingungen der ländlichen Bevölkerung verbessert werden.
5. Berater und Geldmittel sollen zur Verfügung gestellt werden, damit die Nomaden seßhaft werden. Eine moderne Tierhaltung und der Aufbau der Landwirtschaft soll bei den Nomaden gefördert werden.
6. Landstreitigkeiten, die mangels Reform zwischen Personen und Dörfern entstehen, müssen friedlich gelöst werden. Die Interessen der Vernachlässigten sind mit dem Ziel des Wiederaufbaus des Landes in Übereinstimmung zu bringen.
7. In der wirtschaftlichen und gesellschaftlichen Entwicklung soll es keine Kluft zwischen Stadt und Land geben.
8. Größere Flächen Weidelands und in abgelegenen Gebieten liegende Pflanzungen sollen im Interesse

des allgemeinen Wohls genutzt werden.
Wilde Pflanzen, Tiere sowie Böden müssen vor Erosion und Vernichtung bewahrt werden. Eine Aufforstungskampagne soll dazu durchgeführt werden.

9. Bei der Wirtschaftsplanung soll ein Gleichgewicht zwischen Landwirtschaft und Industrie angestrebt werden.

B. Industrie

1. Industrien des äthiopischen Staates in Eritrea, deren eritreischer Handlanger und von Ausländern, die sich gegen unsere Unabhängigkeit stellen, sollen verstaatlicht werden.
2. Großindustrien, Bergwerke, Meeresschätze, öffentlicher Transport und Verkehr sowie die Energieversorgung sollen Aufgabe des Staates sein.
3. Gewinnung von Meeresschätzen, die Entwicklung der Salz- und Fischindustrie sowie die weitere Erforschung bislang unbekannter Bodenschätze sollen gefördert werden.
4. Bürger, die Privatkapital besitzen, sollen ermutigt werden, in den industriellen und handwerklichen Aufbau des Landes zu investieren.
5. Um kleinere Industriebetriebe und die Landwirtschaft zu fördern sowie der industriellen Abhängigkeit des Landes entgegenzuwirken, soll auf den Aufbau von Großindustrien besonderer Wert gelegt werden.

C. Finanzen

1. Zur Regulierung und Aktivierung der Wirtschaft soll das Bankenwesen zentralisiert, Versicherungsgesellschaften und Banken verstaatlicht werden.
2. Eine Zentralbank soll eingerichtet werden und das Land eine eigene Währung erhalten.
3. Wucherzinsen sind grundsätzlich zu verbieten. Kredite mit niedrigen Zinsen sollen zur Verfügung gestellt werden, damit die Bevölkerung vor Ausbeutung geschützt wird.
4. Um die landwirtschaftliche, industrielle und handwerkliche Produktion und den inneren Markt zu schützen, ist nach Bedarf ein Zollsystem einzurichten.
5. Eine ausgleichende und rationelle Steuerpolitik soll in Kraft gesetzt werden, um die Verwaltung, die Verteidigung des Landes, die Produktionsaktivitäten und Sozialleistungen zu ermöglichen.

D. Handel

1. Um den Handel zu entwickeln, ist es erforderlich, den Land-, Luft- und Seeverkehr zu entwickeln.
2. Der Handel wird aus Staats- und Privatsektor bestehen. Der Staat soll den Privathandel regulieren, um die Verträglichkeit mit dem nationalen Wiederaufbau sicherzustellen.
3. Güter, die für die Grundbedürfnisse notwendig sind, dürfen keine Exportware sein. Der Import von Luxusgütern soll eingeschränkt werden.
4. Einheimische Produkte sind in deren Vielfalt hinsichtlich Handel und Preisfestlegung zu kontrollieren.
5. Einem illegalen Import und Export von Waren ist entgegenzuwirken.
6. Der Handel ist mit allen Ländern, unabhängig von deren politischen Verhältnissen, aufzunehmen.

E. Häuser und Grundstücke in der Stadt

1. Alle städtischen Grundstücke sind öffentliches Eigentum. Grundstücke sind zu pachten, und das Gesetz regelt die Verfahrensweise.
2. Über Bauten, die vom äthiopischen Regime verstaatlicht worden sind, ist eine neue Entscheidung zu fällen.
3. Jeder Bürger hat das Recht, Häuser für den Eigenbedarf oder zur Vermietung zu bauen.
4. Gemäß der Lebensbedingungen der Menschen und in Bezugnahme zum Lebensstandard soll die Miete bemessen sein.
5. Zur Linderung der Wohnungsnot sollen Häuser nach neuzeitlichen Gesichtspunkten errichtet werden.

III. Entwicklung des Kultur-, Erziehungs-, Gesundheitswesens und Technik

A. Kultur

1. Um das eritreische Volk zu beherrschen, auszubeuten und seine Identität auszulöschen, haben sowohl die äthiopischen Kolonialherren als auch andere ausländische Kräfte schädliche Gewohnheiten und unsittliches soziales Verhalten in Eritrea eingeführt und verbreitet. Dieser schädliche kulturelle Einfluß soll grundsätzlich beseitigt werden.
2. Aus den verschiedenen Kulturen und Gewohnheiten der eritreischen Gesellschaft sind die negativen Einflüsse zu beseitigen und die positiven zu entwickeln.
3. In Bildung und Erziehung unseres Volkes sollen folgende Schwerpunkte gesetzt werden:
   - die Geschichte Eritreas und seiner Bevölkerung,
   - der Kampf gegen das Kolonialsystem,
   - die Erfahrungen aus dem Kampf für nationale Freiheit und Unabhängigkeit,
   - die Berücksichtigung der Opfer,
   - die Berücksichtigung besonderer Taten,
   - die nationale Kultur, Sitten und Gewohnheiten zu erkennen, zu respektieren und zu entwickeln.
4. Die Geschichte derjenigen, die für die Freiheit unseres Landes und unseres Volkes geopfert wurden, soll festgehalten werden, damit die Menschen sich mit Stolz an sie erinnern.
5. Zur Forschung der Kultur sollen Zentren und Clubs wie Theater, Film etc. eingerichtet werden.

B. Erziehung und Technik

Das Erziehungssystem der eritreischen Volksbefreiungsfront (EPLF) hat zum Ziel:

- die Lebensbedingungen der Menschen zu verbessern,
- die Entwicklung von Industrie, Landwirtschaft und Technik zu sichern,
- gesellschaftliche Unterschiede auszugleichen und die Einheit des eritreischen Volkes zu wahren.

1. Kampf dem Analphabetentum, um das eritreische Volk aus der Unwissenheit zu befreien.
2. Schulpflicht für alle bis zum Abschluß der Grundschule. Jede Nationalität soll den Unterricht in der Grundschule in der Sprache ihrer Wahl durchführen.
3. Institutionen für Weiterbildung in Wissenschaft, Kunst, Technik und Landwirtschaft sollen errichtet werden. Außerhalb der Grundschule soll Englisch Unterrichtssprache sein.

4. In allen Bildungsstätten soll Arabisch unterrichtet werden.
5. Studenten soll eine Ausbildung mit Stipendien ermöglicht werden.
6. Regionen des Landes, wo das Erziehungssystem noch wenig verbreitet ist, sollen besonders gefördert werden.
7. Religionen und Schulunterricht sind zu trennen.
8. Der Besuch staatlicher Schulen ist kostenfrei.
9. Schulische Erziehung und wirtschaftliche Produktion sind miteinander zu koppeln und dienen dem Allgemeinwohl.
10. Studenten und Jugendliche sollen eigene Verbände gründen, um sich in Wissenschaft, Kunst, Handwerk, Literatur und Technik zu entwickeln.
11. Damit Wissenschaftler und Experten ihre Fähigkeiten im Interesse des Allgemeinwohls einsetzen können, sollen geeignete Arbeitsbedingungen geschaffen werden.
12. In Bildung, Kultur und Technik sollen Erfahrungen gleichberechtigt und gemeinsamen Interessen entsprechend mit anderen Ländern ausgetauscht werden.

C. Gesundheitsfürsorge

1. Alle Anstrengungen sind zu unternehmen, damit die Gesundheitsfürsorge unentgeltlich die eritreische Bevölkerung erreicht.
2. In allen Teilen Eritreas sind je nach Möglichkeiten und Bedürfnissen Krankenhäuser und klinische Zentren einzurichten.
3. Traditionelle Medizin und Heilungsmethoden sollen wissenschaftlich entwickelt werden.
4. Sportzentren sollen für körperliche Ertüchtigung eingerichtet werden.

IV. Schutz der sozialen Rechte

A. Rechte der Arbeiter

1. Bei der industriellen und landwirtschaftlichen Entwicklung des Landes trägt die arbeitende Bevölkerung die größere Bürde. Um diese Entwicklungsanstrengung zu tragen, ist der Organisationsgrad und Qualifikation des arbeitenden Menschen zu erhöhen.
2. Verwaltungen, Gesetze und von der äthiopischen Kolonialherrschaft für die Unterdrückung der arbeitenden Menschen geschaffene »Gewerkschaften« sollen beseitigt werden.
3. Der Arbeitstag beträgt acht Stunden, die Arbeitswoche sechs Tage. 25 Arbeitstage im Jahr sind als freie Tage für den arbeitenden Menschen gesetzlich festzulegen.
4. Eine Arbeitsgesetzgebung soll erstellt werden, die die Rechte der arbeitenden Menschen schützt.
5. Angemessene Wohnverhältnisse und Lebensbedingungen sind für die arbeitenden Menschen zu schaffen.
6. Ein Kranken-, Invaliden- und Rentenversicherungssystem ist für die arbeitenden Menschen einzurichten, damit im Falle von Arbeitsunfähigkeit eine Versorgung gewährleistet ist.
7. Entlassungen und Lohnkürzungen ohne ausreichende Begründung sind nicht zulässig.
8. Die Arbeiter sind bei Entscheidungsprozessen in der Verwaltung und Betrieb beteiligt.
9. Kampf gegen die Arbeitslosigkeit.

B. Rechte der Frauen

1. Frauen sollen ermutigt werden, sich im Kampf gegen ausländische Invasion und für gesellschaftliche Veränderungen noch stärker zu

engagieren und ihre Organisation weiterzuentwickeln.

2. Damit Frauen sich über ihre Hausarbeit hinaus politische, kulturelle und handwerkliche Fähigkeiten aneignen und vertiefen können, soll ein großangelegtes Programm erarbeitet werden.
3. Frauen sind im politischen, wirtschaftlichen und kulturellen Leben gleiche Rechte wie ihren männlichen Kollegen einzuräumen. Für gleiche Arbeit ist gleicher Lohn zu bezahlen.
4. Ein Heirats- und Familiengesetz, das das Recht der Frau schützt, soll erarbeitet werden.
5. Das Recht der Frauen auf einen zweimonatigen Mutterschaftsurlaub bei Lohnfortzahlung ist geschützt.
6. Schutz für die Rechte der Mutter und des neugeborenen Kindes; Gewährung zum Besuch des Kindergartens und weiterer Einrichtungen für die Kindererziehung.
7. Kampf gegen Prostitution.
8. Frauen sind von gesundheitsschädlichen Tätigkeiten befreit.
9. Um die Zahl der weiblichen Führungskräfte und die Zahl der für das Allgemeinwohl arbeitenden Frauen zu erhöhen und weiterzuentwickeln, ist ein Sonderprogramm zu erarbeiten.

C. Familien der Gefallenen, Kriegsinvaliden sowie andere, die die Hilfe der Gesellschaft benötigen

1. Im Befreiungskampf gegen die äthiopische Herrschaft haben Kämpfer und andere Patrioten, die durch Krieg und Folter in Gefängnissen zu Invaliden geworden sind, ein Recht auf gesellschaftliche Leistungen.
2. Den Opfern der äthiopischen Herrschaft, den Opfern von Naturkatastrophen, familienlos gewordenen Menschen, Alten und Invaliden muß Hilfe gewährt werden.
3. Damit auch Kriegsinvalide produktiv tätig sein können, sind je nach Lage Ausbildungs- und Arbeitsprogramme zu erarbeiten und zur Verfügung zu stellen.
4. Für Familien der Gefallenen sind Hilfen zu geben.

V. Verstärkung und Wahrung der Einheit und Gleichberechtigung der Nationalitäten

1. Verwaltungssysteme, Praktiken und Gesetze, die durch das äthiopische Kolonialsystem und frühere Kolonialherren etabliert wurden, um das eritreische Volk zu spalten, zu unterdrücken und auszubeuten, sollen abgeschafft werden.
2. Irrtümer, die von Opportunisten im Laufe unserer revolutionären Erfahrungen begangen wurden, müssen gründlich korrigiert werden.
3. Chauvinistischem und eng nationalistischem Gedankengut soll entgegengearbeitet werden.
4. Brüderlichkeit und die Einheit der Nationalitäten sollen gefördert und entwickelt werden.
5. Mit der nationalen Entwicklung und Konsolidierung als Hauptziel sind gleiche Rechte und die Verantwortung aller Nationalitäten sicherzustellen.
6. Um eine gleichmäßige Entwicklung aller Nationalitäten zu sichern, sollen Fachkräfte aus allen Nationalitäten ausgebildet werden.
7. Das Recht aller Nationalitäten, ihre Sprache, sowohl in Schrift als

auch gesprochener Sprache, zu bewahren und zu entwickeln, ist sicherzustellen.

8. Die Nationalitäten sollen ermutigt werden, die positive Seite ihrer Kultur und Gebräuche zu bewahren und zu entwickeln.
9. Gruppen und Einzelpersonen, die ihre egoistischen Interessen durch ethnische, tribale und regionale Gruppierungen durchzusetzen versuchen und damit die Einheit des Volkes und der Revolution behindern, muß Widerstand entgegengesetzt werden.
10. Jede Nationalität hat das Recht, aus ihrer eigenen besonderen Bedingung eigene demokratische Verwaltungsapparat- oder Apparate zu schaffen.

VI. Gründung einer starken Volksarmee

1. Der nationale Befreiungskampf verfolgt eine Strategie, den Volkskrieg, und zielt darauf ab, die Menschen und das Land Schritt für Schritt zu befreien.
2. Aufbau von Volksmilizien und regionalen Armeen in den befreiten und halbbefreiten Gebieten, um das erreichte Ergebnis zu verteidigen.
3. Starke Land-, Luft- und Seestreitkräfte sind zu bilden, um:
   - Frieden und Gerechtigkeit,
   - höherer ökonomischer Standard,
   - Entwicklung und Würde des Menschen,
   - die Landesgrenzen, See- und Lufthoheit zu verteidigen,
   - Einheit des Landes und die volle Unabhängigkeit des Volkes zu sichern.

   Die Volksarmee soll politisches Bewußtsein bewahren, kameradschaftliche Beziehungen pflegen sowie revolutionäre Disziplin bewahren. Sie soll entschlossen, opferbereit und produktiv sein. Sie soll mit modernen Kampfmethoden und Taktiken ausgerüstet sein. Als Verteidigerin des Volkes wird sie ohne Ansehen der Religion, Nationalität und Geschlecht dem ganzen eritreischen Volk dienen. Basis dieser Streitkräfte ist die heute für nationale Unabhängigkeit und Befreiung des Volkes kämpfende revolutionäre Armee.
4. Aufbau einer modernen Militärakademie.

VII. Schutz der Religion und des Glaubens

1. Das Recht des einzelnen auf Religion und Glauben soll gesichert sein.
2. Religion soll von Staat und Politik getrennt sein.
3. Religiöser Unterricht ist in den staatlichen Schulen nicht zulässig, Religionsgemeinschaften können jedoch eigene Schulen errichten, in denen religiöser Unterricht erteilt wird.
4. Diejenigen, die während des Befreiungskampfes als auch nach der Gründung eines volksdemokratischen Eritreas die Entwicklungsanstrengungen und den Fortschritt des eritreischen Volkes aus religiösen Gründen zu behindern versuchen, sind hart zu bestrafen.

VIII. Gerechte Behandlung von Kriegsgefangenen; Ermutigung von Eritreern, dem Militärdienst für Äthiopien zu entfliehen

1. Gegen Maßnahmen der äthiopischen Herrschaft, die für die Unterdrückung und die Vernichtungsfeldzüge gegen die eritreische

Bevölkerung verantwortlich sind, ist Widerstand gefordert.

2. Die auf der äthiopischen Seite als Soldaten und als Weizen-Milizen* dienenden Eritreer sollen überzeugt werden, auf der Seite ihres Volkes gegen den Feind zu kämpfen. Denjenigen, die dem Aufruf folgen, sind alle Rechte zu gewähren, und sie sind mit vollem Herzen willkommen zu heißen.
3. Kriegsgefangene der äthiopischen Armee sind human zu behandeln und über die gerechte Sache des eritreischen Volkes aufzuklären. Ihnen soll Lesen und Schreiben vermittelt werden sowie berufliche Ausbildung. Später sollen sie freigelassen werden und in ihre Heimat zurückkehren.
4. Verräter und Kollaborateure sind streng zu bestrafen.

IX. Schutz der Rechte der eritreischen Flüchtlinge im Ausland

1. Anstrengungen sollen unternommen werden, damit Eritreer, die sich im Ausland befinden, an dem bewaffneten Kampf teilnehmen, sowie in den Massenorganisationen und Gewerkschaften mitwirken können.

   Ferner sollen eritreische Gemeinschaften gegründet werden, damit Kultur, Identität und Rechte bewahrt, gegenseitige Solidarität verstärkt werden können.
2. Das Recht der eritreischen Flüchtlinge, Hilfe für sie aus internationalen Organisationen und Regierungen zu gewinnen und ihre soziale Lage zu verbessern, wird unterstrichen.
3. Sie sind dazu zu ermutigen, in ihre Heimat zurückzukehren und am täglichen Kampf und der Entwicklung des Landes teilzunehmen.
4. Eritreer, die als Folge der äthiopischen Herrschaft und Brutalität aus ihrem Land vertrieben worden sind, sollen freiwillig in die befreiten Gebiete zurückkehren und an der gesellschaftlichen Entwicklung teilhaben.

X. Schutz der Rechte der in Eritrea lebenden Ausländer

1. Ausländer, die an dem Befreiungskampf gegen die äthiopische Herrschaft offen oder verdeckt teilgenommen haben sowie diejenigen, die nichts gegen unseren Befreiungskampf unternommen haben, haben das Recht auf Aufenthalt und Arbeit, wenn sie bereit sind, sich den geltenden Rechten unterzuordnen. Wird für einen Ausländer die eritreische Staatsbürgerschaft beantragt, so wird sie nach dem Gesetz erteilt.
2. Ausländer, die als Kollaborateure, Gefolgsleute und Handlanger der äthiopischen Herrschaft das eritreische Volk ausspioniert und Hindernisse geschaffen haben, sind hart zu bestrafen.
3. Ausländer, die in Eritrea leben und als Kollaborateure für ausländische Interessen tätig sind, sollen nach dem Gesetz belangt werden.

XI. Verfolgung einer friedlichen und blockfreien Außenpolitik

1. Bei den Vereinten Nationen und den Mitgliedsländern sollen Appelle eingereicht und diplomatische

---

*Als Weizen-Milizen werden eritreische Bürger bezeichnet, die zum Dienst mit der Waffe gezwungen werden und als Gegenleistung Nahrungsmittel erhalten. Die Nahrungsmittel stammen aus den Lieferungen der Hilfsorganisationen.

Aktivitäten unternommen werden, um von der Gerechtigkeit des Kampfes der eritreischen Bevölkerung zu überzeugen.

2. Hilfen werden von Ländern und Organisationen akzeptiert, die sich nicht in die inneren Angelegenheiten einmischen, sondern den gerechten Befreiungskampf des Volkes unterstützen.
3. Mit allen Ländern, unabhängig von deren politischen und ökonomischen Systemen, sollen auf der Basis der folgenden fünf Prinzipien diplomatische Beziehungen aufgenommen werden:
   - gegenseitige Achtung territorialer Einheit und nationaler Würde,
   - gegenseitiger Gewaltverzicht,
   - Nicht-Einmischung in die inneren Angelegenheiten,
   - Gleichheit und beiderseitiger Nutzen,
   - friedliche Koexistenz.
4. Mit allen Nachbarländern sollen freundschaftliche Beziehungen unterhalten werden.
5. Kulturelle, wirtschaftliche und technische Beziehungen sollen zu allen Ländern aufgenommen werden, soweit sie die nationale Unabhängigkeit und Identität nicht gefährden. Abhängigkeit von Militärblöcken ist ausgeschlossen, ausländische Militärbasen sind im eritreischen Territorium nicht zulässig.
6. Da unser Unabhängigkeitskampf Teil des weltweiten Kampfes der Völker gegen Fremdherrschaft, Rassismus und Interventionen im allgemeinen und des Kampfes der Völker Asiens, Afrikas und Lateinamerikas im besonderen darstellt, sollen alle gerechten und demokratischen Bewegungen unterstützt werden.
7. Mitgliedschaft soll in internationalen und regionalen Organisationen aufgenommen werden, sofern sie die eritreische Unabhängigkeit und Identität nicht gefährden.

2. Volkskongreß der EPLF, 1987

Dokument 4
Gemeinsames Kommuniqué von EPLF und TPLF
24. 4. 1988

In den letzten Monaten haben EPLF und TPLF spektakuläre Siege gegen das Regime der Arbeiterpartei Äthiopiens (WPE) errungen, ihm Schläge versetzt und damit seine Krise und den Zeitpunkt bis zu seiner endgültigen Niederlage verkürzt.

Die niederschmetternden Siege gegen das faschistische Regime der WPE und die Beschleunigung des Tempos seiner Niederlage haben günstige Bedingungen für die Erfüllung der Ziele des äthiopischen Volkes für Demokratie und Gerechtigkeit, zur Erlangung des Rechts der unterdrückten Nationalitäten auf Selbstbestimmung und das Recht des eritreischen Volkes auf Selbstbestimmung und Unabhängigkeit geschaffen. Mit der Entwicklung dieser günstigen Bedingung naht der Tag, an dem die Völker Äthiopiens im gemeinsamen Kampf das unbeliebte Regime, das viel zu lange solches Elend verursacht hat, stürzen und an seiner Stelle ein demokratisches System auf der Grundlage der Zustimmung und Gleichberechtigung errichten können.

Die Grundlage für den endgültigen Sieg des antikolonialen und gerechten Kampfes des eritreischen Volkes wird gelegt. Damit wird dem eritreischen Volk das Recht zur Bestimmung seiner eigenen Zukunft garantiert. Mit der endgültigen Beilegung dieses langwierigen Krieges wird die friedliche Entwicklung des eritreischen Volkes und die Herstellung der notwendigen Bedingungen für Frieden und Stabilität für die Völker Eritreas und Äthiopiens ermöglicht.

Die Todesglocken läuten für das faschistische Regime der WPE. Dieses versucht jetzt verzweifelt und hektisch einen barbarischen Krieg zu führen und unnötig mehr unschuldiges Blut zu vergießen, um die tödliche Gefahr, die der Kampf der Völker Äthiopiens und Eritreas heraufbeschwört, abzuwenden. Das Regime unternimmt den letzten Überlebenskampf auf dem Rücken der Völker Äthiopiens und Eritreas, gegen die es bereit ist, unglaubliche Verbrechen zu begehen. Es hat den Einzugsbefehl eingeleitet und mit Hilfe seiner Unterstützer den Völkermord an Äthiopien und Eritrea erklärt.

Die Völker Eritreas und Äthiopiens müssen diesem verzweifelten Plan der Vernichtung und des Völkermords durch die WPE mit der Verschärfung und Vereinigung ihres Kampfes begegnen. Sie müssen sich zusammenschließen, um diesem unbeliebten taumelnden Regime den letzten Schlag zu versetzen. Dazu gab es noch nie eine bessere Gelegenheit, um somit eine von den Völkern lang ersehnte Ära des Friedens und der Demokratie einzuführen.

Die verschiedenen Organisationen, die den Kampf der beiden Völker führen, müssen sich entscheiden, sich zu vereinigen und ihren Kampf wie nie zuvor zu intensivieren. Die Differenzen müssen demokratisch beseitigt und die gemeinsamen Anstrengungen auf gemeinsame Ziele und Perspektiven gegründet werden. Der Dergue und seine Helfer dürfen die Völkermordkampagne, die sie im verzweifelten Versuch vorbereiten, um ihr taumelndes Regime zu retten, nicht beginnen. Es muß zerschlagen werden in einer Reihe von Angriffen, die ihm keine einzige Atempause läßt.

Nachdem die aktuelle Entwicklung analysiert wurde, haben EPLF und TPLF, der historischen Verantwortung bewußt, beschlossen, die abgebrochenen Beziehungen wieder aufzunehmen und zusammenzuarbeiten. Auf Politbüroebene wurden vom 20. bis 24. 4. 1988 Sitzungen erfolgreich abgehalten, die von dem Geist der Solidarität und eines tiefen Bewußtseins der historischen Verantwortung gekennzeichnet waren. Die beiden Organisationen sind der Meinung, daß alle Differenzen der Vergangenheit und Zukunft demokratisch geklärt werden sollen. Sie gehen weiter davon aus, daß der optimalen gegenseitigen Unterstützung im gemeinsamen Kampf auf der Grundlage des gegenseitigen Verständnisses nichts im Wege stehen sollte. Es wurde vereinbart, daß die zukünftige Zusammenarbeit auf dieser Grundlage erfolgen soll.

Die beiden Organisationen bestätigen, daß sie folgende gemeinsame Standpunkte vertreten: Sie sind der Meinung, daß

1. das expansionistische und antidemokratische Regime WPE alles einsetzen wird, um den Kampf der Völker Äthiopiens und Eritreas auszulöschen. Das Regime ist unfähig, die Frage der Demokratie und der unterdrückten Nationen innerhalb Äthiopiens und der kolo-

nialen Frage Eritreas zu lösen.

2. die Intervention der Supermächte (Sowjetunion und USA) in unserer Region Probleme hervorruft und verschlimmert, statt sie zu lösen und daß es deshalb notwendig ist, die Interventionen beider Supermächte im allgemeinen, gegenwärtig die der Sowjetunion im besonderen, zu verurteilen und zu bekämpfen.
3. der Kampf um die Unabhängigkeit des eritreischen Volkes gerecht und berechtigt ist.
4. der Kampf der Völker Äthiopiens für Demokratie und für das Recht auf Selbstbestimmung gerecht und berechtigt ist. Sie glauben, daß die Rechte und Interessen der unterdrückten Nationalitäten Äthiopiens am effektivsten gesichert werden, wenn die Gleichberechtigung der äthiopischen Völker durch gemeinsame Übereinstimmung garantiert wird und daß dementsprechend alle nationalen und multinationalen Organisationen sich zusammenschließen müssen, um dieses Ziel zu erreichen.
   Sie glauben weiter, daß die demokratische Vereinigung der Völker erreicht werden kann, wenn das Recht der Völker auf Selbstbestimmung auf der Grundlage ihrer eigenen und nur ihrer eigenen freien, demokratischen Entscheidung, eine solche Vereinigung zu beschließen, garantiert wird.
5. Da die Kämpfe des eritreischen Volkes und der Völker Äthiopiens gemeinsame Kämpfe der beiden Völker gegen einen gemeinsamen Feind sind, besteht ein natürliches Bündnis, das engere Zusammenarbeit erfordert.
   EPLF und TPLF haben vereinbart, eng zusammenzuarbeiten, um die genannten gemeinsamen Ziele zu erreichen durch den Zusammenschluß zur Verhinderung des geplanten Völkermordes und zur Intensivierung der Kämpfe der Völker Äthiopiens und Eritreas für ihre gerechten Ziele. Die beiden Organisationen glauben weiterhin, daß andere kämpfende Organisationen sich zusammenschließen sollen für ein gemeinsames Ziel, wobei die Differenzen demokratisch gelöst werden müssen.

Unterdrückte Völker Äthiopiens und Eritreas!

Obwohl das Regime der WPE geschwächt ist, plant es mit Hilfe seiner Unterstützer einen barbarischen Völkermord gegen euch, einen Krieg, den ihr zerschlagen müßt durch die weitere Verstärkung eures Kampfes, um so endlich erfolgreich eine Region zu schaffen, worin Demokratie und Frieden herrschen und eure gerechten und berechtigten Ziele erreicht werden können!

Koordiniert eure Kämpfe! Es dauert nicht mehr lange, bis die Dunkelheit der Unterdrückung vergeht und eure berechtigten Forderungen und Ziele erfüllt werden können!

Kämpfende Organisationen in Äthiopien und Eritrea!

Ihr müßt euch mit eisernem Willen erheben in der Gewißheit, daß die Zeit zur Erreichung der Ziele der gerechten Sache, für die ihr so lange kämpft, herangereift ist. Ihr müßt alles tun, was dieser günstige historische Augenblick von euch verlangt und all eure Anstrengungen koordinieren und vereinigen.

Nieder mit dem faschistischen Regime der WPE!

Es lebe die Solidarität der Kämpfe der Völker von Äthiopien und Eritrea!

EPLF und TPLF
24. 4. 1988

Dokument 5
Der 9-Punkte-Vorschlag des PMAC zur friedlichen Lösung des Eritrea-Konfliktes

Bekanntgegeben durch den Vorsitzenden des PMAC, General Teferi Bents, in einer Radio- und Fernsehansprache am 15. 5. 1976

In Übereinstimmung mit dem Programm der Äthiopischen Nationaldemokratischen Revolution und wiederholten revolutionären Aufrufen in der Vergangenheit hat der Provisorische Militärische Verwaltungsrat die folgenden Beschlüsse gefaßt, um eine friedliche Lösung des Problems der Verwaltungsregion von Eritrea zu erreichen.

Beschluß

1. Die Mißstände, die früher existiert haben, sollen beseitigt werden, und die Bevölkerung der Eritreischen Verwaltungsregion wird in neuem Geist und in Zusammenarbeit mit dem Rest der äthiopischen Bevölkerung vollen Anteil am politischen, wirtschaftlichen und sozialen Leben des Landes haben. Sie wird insbesondere ihre volle Rolle beim Kampf um den Aufbau der demokratischen Volksrepublik im Sinne des Programms der Äthiopischen Demokratischen Revolution spielen.
2. Das Programm der Äthiopischen Nationaldemokratischen Revolution hat bestätigt, daß das Recht auf Selbstbestimmung der Nationalität durch regionale Autonomie garantiert werden kann, die die objektiv vorherrschende Situation in Äthiopien, seiner Umgebung und im Weltmaßstab berücksichtigt. Um den Worten Taten folgen zu lassen, wird die Regierung jede Region des Landes untersuchen, ihre Geschichte, die Beziehungen ihrer jeweiligen Nationalitäten. Ihre geographische Situation, ihre ökonomische Struktur und ihre Entwicklungs- und Verwaltungsbedingungen. Auf Basis dieser Ergebnisse wird die Regierung zu einem geeigneten Zeitpunkt der Bevölkerung den Plan einer möglichen zukünftigen Regionalstruktur vorlegen. Das ganze äthiopische Volk wird dann auf verschiedenen Ebenen den Vorschlag demokratisch diskutieren und selbst über ihn entscheiden.
3. Da sie die Schwierigkeiten, welche in der Verwaltungsregion von Eritrea bestehen und die Dringlichkeit, sie zu überwinden, erkannt hat, um das Recht auf Selbstbestimmung der Nationalitäten beschleunigt praktisch anzuwenden, ist die Provisorische Militärregierung darauf vorbereitet, mit den fortschrittlichen Gruppen und Organisationen in Eritrea, die sich nicht an die Feudalisten, reaktionäre Kräfte in der Nachbarschaft und an die Imperialisten gebunden haben, in einen Meinungsaustausch einzutreten.
4. Die Regierung wird die fortschrittlichen Kräfte in der Eritreischen Verwaltungsregion uneingeschränkt unterstützen, die in Zusammenarbeit mit den fortschrittlichen Kräften des übrigen Äthiopien und im Geist des Programms der Äthiopischen Nationaldemokratischen Revolution daran gehen, die arbeitenden Massen aufzurütteln und im Kampf gegen die drei Feinde des äthiopischen Volkes —

Feudalismus, bürokratischer Kapitalismus und Imperialismus — zu organisieren und anzuführen und dabei die Einheit der unterdrückten Klassen Äthiopiens zu fordern.

5. Die Regierung wird denjenigen Äthiopiern alle notwendige Unterstützung gewähren, die aufgrund des Krieges in der Eritreischen Verwaltungsregion lange Zeit im Exil in Nachbarländern und in weit entfernten Ländern gelebt haben, damit sie sobald als möglich in ihr eigenes Land zurückkehren können.
6. Die Regierung wird besondere Anstrengungen unternehmen zur Entschädigung derjenigen Äthiopier, die aufgrund der widrigen Bedingungen, die existiert haben, ihr Eigentum verloren haben. Alle die, die infolge des existierenden Problems ihre Arbeit verloren haben oder ihre Ausbildung abbrechen mußten, sollen die Möglichkeit erhalten, sich die Beschäftigung und Ausbildung zu verschaffen, die Äthiopien in allen Teilen des Landes bieten kann.
7. Alle, die infolge des existierenden Problems eingesperrt wurden, sollen freigelassen werden. Die Fälle all derjenigen, die zu lebenslanger Haft oder zum Tode verurteilt wurden, werden, sobald friedliche Verhältnisse wiederhergestellt sind, wiederaufgenommen und sorgfältig untersucht, und auf Basis ihrer Vergehen wird entweder das Ausmaß ihrer Gefängnisstrafe herabgesetzt, oder sie werden freigelassen.
8. Der Ausnahmezustand wird aufgehoben, sobald die wesentlichen Beschlüsse umgesetzt werden können und der Frieden in der Eritreischen Verwaltungsregion garantiert ist.
9. Eine besondere Kommission wird durch Proklamation eingesetzt, mit dem Auftrag, die Anwendung der Beschlüsse 5 bis 7 sicherzu...

Es gibt Kreise, die sich versch... haben, um die Siege, die im Kampf ... äthiopischen Volkes erreicht wurde... umzukehren und unser Land wieder unter das Joch von Feudalismus und Imperialismus zu zwingen. Diese Kräfte, die Tag und Nacht arbeiten, um ihre Träume zu verwirklichen, sind gefährlich. Sie zetteln im ganzen Land konterrevolutionäre Veschwörungen an und geben dabei tagtäglich Millionen von Dollar aus, um ihre Ziele zu erreichen und ihre konterrevolutionären Aktivitäten zu koordinieren.

Das äthiopische Volk muß sich der Gefahr bewußt, im ganzen Land organisiert und bewaffnet und vor diesen Kräften auf der Hut sein.

Die Provisorische Militärregierung glaubt, daß das Problem in der Eritreischen Verwaltungsregion entsprechend den oben angegebenen Leitlinien friedlich gelöst werden kann. Auf der anderen Seite trägt die Provisorische Militärregierung in Verbindung mit den breiten Massen die Verantwortung und hat die Pflicht, die revolutionären Erfolge des äthiopischen Volkes gegenüber reaktionären Kräften zu verteidigen und alle diejenigen zu vernichten, die die Einheit der arbeitenden Massen und die Äthiopische Revolution bekämpfen.

Die Provisorische Militärregierung appelliert neuerlich im revolutionären Geist an die breiten Massen und die fortschrittlichen Kräfte der Verwaltungsregion von Eritrea, dem Versuch, den die Regierung macht, um das Problem in der Region zu lösen, ihre volle Unterstützung und Mitarbeit zu geben.

Äthiopien zuerst
Möge die Einheit der unterdrückten Massen erblühen!

(Quelle: »Ethiopian Herald«, 16. Mai 1976)